程遂营 ● 主编

# 中国古都文化

河南大学出版社
HENAN UNIVERSITY PRESS
·郑州·

图书在版编目（CIP）数据

中国古都文化 / 程遂营主编． -- 郑州：河南大学出版社，2021.6
　　ISBN 978-7-5649-4725-5

　　Ⅰ．①中… Ⅱ．①程… Ⅲ．①古城－文化研究－中国 Ⅳ．① K928.5

中国版本图书馆 CIP 数据核字（2021）第 131956 号

| | |
|---|---|
| 责任编辑 | 郑　鑫　陈　巧 |
| 责任校对 | 孙增科　褚梓寓 |
| 封面设计 | 郭　灿 |

| | |
|---|---|
| 出　　版 | 河南大学出版社 |
| | 地址：郑州市郑东新区商务外环中华大厦2401号 |
| | 邮编：450046 |
| | 电话：0371-86059713（高等教育与职业教育出版分社） |
| | 　　　0371-86059701（营销部） |
| | 网址：hupress.henu.edu.cn |
| 排　　版 | 河南大学出版社设计排版部 |
| 印　　刷 | 河南文华印务有限公司 |
| 版　　次 | 2021年6月第1版 |
| 印　　次 | 2021年6月第1次印刷 |
| 开　　本 | 710 mm×1010 mm　1/16　　　　印　张　14.5 |
| 字　　数 | 221千字　　　　　　　　　　　　定　价　42.00元 |

（本书如有印装质量问题，请与河南大学出版社营销部联系调换。）

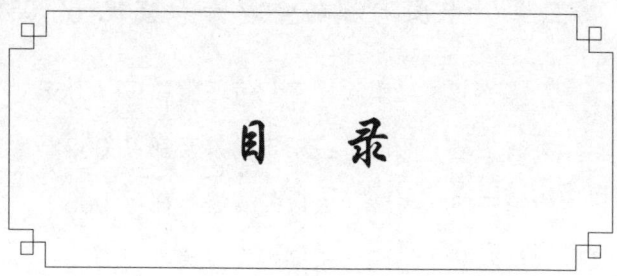

**绪　论** / 001

　　第一节　中国古都及其分布 / 002

　　第二节　大古都的由来 / 004

　　第三节　学习中国古都文化的意义 / 007

**第一章　中国古都的成因** / 011

　　第一节　经济与水环境因素 / 012

　　第二节　区位与军事防御因素 / 018

　　第三节　其他因素 / 025

**第二章　中国古都的变迁** / 033

　　第一节　先秦都城变迁 / 034

　　第二节　秦汉都城变迁 / 038

　　第三节　魏晋南北朝都城变迁 / 042

　　第四节　隋唐五代都城变迁 / 045

　　第五节　宋、辽、西夏、金都城变迁 / 048

　　第六节　元明清都城变迁 / 052

中国古都文化

## 第三章　中国古都的重要考古发现 / 057

　　第一节　二里头：王都气派肇礼乐 / 058
　　第二节　殷墟：三千年前是帝都 / 062
　　第三节　长安：大风起兮云飞扬 / 066
　　第四节　洛阳：若问古今兴废事 / 070
　　第五节　开封：千年奇观城摞城 / 074
　　第六节　大都：大汗居处有斯城 / 081

## 第四章　中国主要古都及其文化 / 087

　　第一节　和而不同话北京 / 088
　　第二节　丝路起点话西安 / 094
　　第三节　天下之中话洛阳 / 099
　　第四节　龙盘虎踞话南京 / 108
　　第五节　千年梦华话开封 / 116
　　第六节　诗情画意话杭州 / 127
　　第七节　神奇甲骨话安阳 / 136
　　第八节　功夫之乡话郑州 / 141
　　第九节　民族融合话大同 / 148
　　第十节　如花似锦话成都 / 156

## 第五章　中国古都文化景观 / 165

　　第一节　宫殿景观：北京紫禁城太和殿 / 166
　　第二节　府第景观：曲阜孔府圣地 / 168
　　第三节　陵墓景观：银川西夏王陵 / 172

第四节　园林景观：苏州馆娃宫 / 175

第五节　城墙景观：南京中华门 / 178

第六节　街巷景观：开封御街 / 182

第七节　仓储景观：洛阳回洛仓 / 185

第八节　桥梁景观：兰州黄河铁桥 / 188

第九节　塔阁景观：大理千寻塔 / 191

第十节　石窟景观：赤峰后召庙石窟 / 194

## 第六章　中国古都文化的影响 / 199

第一节　古都与传统文化的形成 / 200

第二节　古都与传统文化的传播 / 206

第三节　古都与中外文化的交流 / 213

## 参考书目 / 221

## 后　记 / 223

# 绪 论

简言之,古都就是古代的都城。那么,中国有多少古都?古都的分布情况如何?划分古都大小的标准有哪些?学习中国古都文化有什么重要意义?本章将梳理中国古都的基本情况,对以上问题一一进行解答。同时,还将介绍本书的基本结构,为大家进一步品味博大精深的中国古都文化打下坚实基础。

## 第一节　中国古都及其分布

从本节开始，我们将带领大家踏上一段神圣之旅，神游我国古代的都城，了解古都博大精深的文化魅力。

说到我国古代的都城，大家脑海里可能马上就会浮现出来一系列问题：什么是古都？中国到底有多少古都？它们又是如何分布的呢？

顾名思义，古都，就是古代的都城。古都有广义和狭义之分：狭义的古都，是我们大家所了解的那些统一王朝的都城，像夏、商、周、秦、汉、隋、唐、宋、元、明和清的都城，比如，西安、洛阳、北京、南京、开封、杭州、安阳等这些古都。不过，广义的古都包括的范围就更广泛一些，除了在中国历史上曾经作为统一王朝的那些都城外，还包括割据王朝、周边少数民族政权以及农民起义政权的都城。割据王朝的都城，比如，春秋战国时期的一些小的国家，孔子所在的鲁国都城——山东的曲阜；齐国，就是我们大家熟悉的姜子牙的封地，都城就在今天山东的淄博（当时叫临淄）。少数民族的都城，比如，吐蕃曾经建都西藏拉萨，南诏曾经建都云南大理，西夏曾经建都宁夏银川，等等。元朝在把大都（今北京）作为都城之前，曾以上都为京。上都在哪里呢？在今内蒙古锡林郭勒盟正蓝旗五一牧场境内。清朝入关并定都北京之前的都城在哪里呢？在今天辽宁的沈阳，那个地方是原来清朝入关之前，它的"盛京"所在地。还有一类是农民起义的都城，这也算在古都里面。比如，我们大家所知道的，西楚霸王项羽曾经在彭城（今江苏徐州）建都；洪秀全领导的太平天国曾经在南京建都，把南京称作天京；等等。

所有的这些古都，加到一起有多少？根据粗略统计，这样的古都加到一起，有220座左右。由于文献记载和计算方法有差异,有些人认为可能超过220座古都,还有些学者认为可能少于220座。所以,我们说220座左右。

为什么在中国会有这么多的古都?我觉得有三个方面的原因。

第一个方面,是因为我国历史悠久。中华文明上下五千年,而且我国又是世界上的四大文明古国(古埃及、古巴比伦、古印度以及中国)之一,所以,我们的历史非常悠久。在考古发掘过程中,甚至发现了七千年以前的河姆渡文化,在那个时期,实际上就已经有了城市。仰韶文化距今已有七千年到五千年之间的历史。那个时期,我们的先民已经开始建立城市,甚至有了都城的基本概念。四千多年以前,夏朝建立后,都城开始有了相对固定的地点、相对完善的规制。在长达数千年的发展历史上,中国大地上留下来很多古都就不奇怪了。

第二个方面的原因,是中国历史上曾经有很多朝代。如夏、商、周、秦、汉、隋、唐、宋、元、明和清,这些大都是统一王朝,也是统治时间比较长的王朝。除了这些王朝,再加上不少割据政权,在中国上下五千年的过程中,出现的朝代有80多个。不同朝代可能会选择不同的地方建都,而即使同一个朝代建都的时候,也有可能不止在一个地方。比如说周朝,它有西周、东周,西周建都在今天的西安附近,东周迁都到河南洛阳。还比如宋朝,北宋的时候,它的都城在河南开封;到南宋的时候,它的都城转移到了浙江的杭州。明朝也是这样,一开始的时候,明太祖朱元璋把他的都城建在了南京;到他的儿子明成祖朱棣时期,把都城迁到了北京。所以,由于朝代众多,一个朝代甚至不止一个都城,所以也就造成了中国古代都城众多的现象。

还有第三个原因,是我国民族众多。中华民族是一个由56个民族组成的大家庭。其实,在历史上,不仅仅有这56个民族。有些民族在发展的过程中逐渐消亡了。比如,在汉朝时期,和汉王朝对立的有匈奴;隋唐时期,和隋唐对立的有突厥。还有建立北魏的鲜卑、建立辽的契丹、建立金朝的女真族,这些民族后来都消亡了,或者融合在其他民族或者汉民族的大家庭里面了。

但是，它们在历史存在时期，都曾经建立过政权，有政权就会有都城。北魏曾经长期以今山西大同为都城，女真族建立的金朝曾经以今黑龙江阿城为上京等，而这些都城也都成为我们今天所说的古都的有机组成部分。

由于以上多方面的原因，在我们中国，就有了众多的古都。

需要说明的是，由于不同朝代、不同民族、不同政权统治的地域不同，帝王选择都城的侧重点不同等多方面因素，这些古都的分布也不均匀。总体来说，中原和黄河流域、长江流域以及新疆等地区的古都多些，其他地区的古都少些。中原以及黄河流域、长江流域是我国生态环境较好、农耕文明开发较早和古代人口相对集中的地方，古都多很容易理解。为什么偏处西北的新疆古都也多呢？这是因为那个地方在汉朝时期被称为西域，曾经存在过20多个分属不同政权的小国，相当于西方的城邦国家。这些城邦国家的都城也符合古都的标准，因此，在新疆境内的古都数量就比一般内地省份多一些。

## 第二节　大古都的由来

上一节我们了解了什么是古都，我国有多少古都。接下来，大家可能会有新的疑问：我国现在有很多"大古都"，比如有"六大古都"的说法，包括西安、洛阳、北京、开封、南京、杭州；有些朋友可能还知道有"八大古都"的说法，在这六大古都之上，再加上安阳和郑州，变成了八大古都；有些朋友又说了，我在网上还看到现在有"九大古都"，甚至"十大古都"的说法，西安、洛阳、开封、北京、南京、杭州、安阳、郑州之外，再加上大同、成都，就变成了"十大古都"。很多朋友想知道，为什么把以上这些城市称作"大古都"？到底依据什么样的标准来认定"大古都"呢？

在众多的古都之中，如果我们要给它们排排队，分分大小，还的确有所谓的"大古都"和"小古都"的划分。那么，既然有些古都被称作"大古都"，有些古都不算"大古都"，就需要拿出来一套能被大家接受的依据。在我看来，主要根据以下三个主要标准来确定一座古都是不是"大古都"。

第一个标准，"大古都"的建都时间较长。比如说西安，在西周的时候就建都了。后来，又有西汉，再到后来又有隋朝、唐朝，还有其他的一些割据政权、农民起义的政权，都曾经以西安为都城。而且，按照古都学界的通行观点，由于西安和咸阳距离较近，把咸阳和西安作为同一个古都来对待。秦国和秦朝都曾以咸阳为都城，它们的建都时间应该和西安建都时间合并起来计算。两座城市的建都时间加到一块长达1700多年，是所有古都中建都时间最长的。再比如洛阳，它是东周、东汉，三国时期的魏，还有隋（炀帝）、唐（武则天）的都城，也是鲜卑族建立的北魏以及一些割据政权、农民起义政权的建都之地，总共建都时间达到了一千四五百年，与西安差不多。除此之外，还有北京、南京、杭州、开封和安阳等，这些城市建都的时间都在两百年以上。

即使"八大古都"里边有争议的郑州，在其市区范围内也分布着夏都（阳城，今郑州登封告成镇）、商代隞都（今郑州商城遗址）和两周（西周、东周）时期的郐国、虢国、郑国、韩国等诸侯国的都城，这使郑州成了我国先秦时期一个规模庞大的古都群。"十大古都"里面的大同，建都时间也有将近一百年，它曾经做过北魏时期的都城，这是一个游牧民族鲜卑族建立的政权。再有就是成都，它在汉朝末年曾做过刘备建立的蜀汉政权的国都，汉晋时期的成汉以及五代时期的前蜀、后蜀政权也在成都建都，宋朝王小波、李顺起义建立的大蜀政权也以成都为都城；再向前追溯，商周时期，这个地方还曾经存在过一个古蜀国政权。即使不把商周时期的古蜀国计算在内，成都建都的时间也有一百多年。

而有些古都，即前面说到的200多座古都里面的一些小的古都，建都的时间可能只有一二十年，甚至更短，只有那么几年的时间，当然没法跟这些"大

绪论

古都"相提并论。

"大古都"的第二个标准是什么呢？我觉得，是都城规模很大。都城的规模包括两个方面：一个方面，城区的面积应该比较大。从遗留下来的一些大古都遗址来看，比如留存到今天的南京古城墙遗址，其外城周长有30多千米，是当年明太祖朱元璋建都南京的时候修筑的。开封也有一座明代留存下来较为完整的古城墙遗址，其周长达到了14.4千米。根据文献记载，这和北宋时期东京开封的内城城墙长度相近。从中我们就可以想见，当年北宋开封和明代南京的城市规模是相当庞大的。

都城规模大的另一个方面，就是城市的人口多。以上所提到的那些"大古都"，在它们繁荣时期，都城的人口少则几十万，多的时候甚至达到上百万。根据历史记载，唐朝时期的长安（今西安）人口达到百万，明清时期的北京也有100万左右的人口。从现有文献记载来看，人口最多的都城是北宋晚期的开封，人口有150万左右。在唐宋时期，我国都城西安和开封的人口达到百万以上的时候，世界上其他一些国家的都城，如英国的伦敦、法国的巴黎、意大利的罗马、伊朗的德黑兰等的人口，只有十几万或三四十万，仅是长安、开封人口的几分之一。这就是说，之所以把西安、开封这些城市作为"大古都"看待，与城市规模大有一定的关联。

还有第三个方面的标准，就是"大古都"的历史影响深远。"大古都"在作为都城的时候，不仅创造了灿烂的物质文明和精神文明，同时也是国内的政治、经济和文化中心，在国内有广泛的影响。国家的政令、法律规范、价值观念、文化风尚等都从都城传播到全国各地。

同时，"大古都"在国际上也有广泛的影响。特别是通过陆上丝绸之路、海上丝绸之路以及其他方式的国际交流活动，这些大古都的名声远播到海外。比如说，在汉朝和唐朝的时候，长安城和洛阳城在世界上就有很高的知名度。到了宋朝的时候，都城开封和杭州在日本和韩国的知名度也很高。世界上的一些国家和地区，甚至在城市结构、城市建筑等方面模仿我国的都城。唐朝时期，日本的都城平城京（今日本奈良）就模仿了唐朝的长安城；宋朝时期，朝鲜半岛的城市建设也在一定程度上模仿了中国的开封和杭州。

通过不同的影响方式，"大古都"不仅树立了高大的城市形象，也树立了我们中国文化在世界的光辉形象。所以，西安、洛阳、北京、南京、开封、杭州等这些城市才被称为"大古都"，在众多的古都之中鹤立鸡群、独领风骚。

## 第三节　学习中国古都文化的意义

大家了解了什么是古都，了解了中国古都的分布情况，特别是关于"大古都"的标准之后，可能对于为什么要学习中国古都文化充满了期待。总体来讲，古都是中华文明的重要发祥地，是我们文化自信的根基，是现代旅游休闲的好去处。中国古都文化的博大精深及广泛影响，又使古都成为弘扬我国传统文化的重要物质载体。所以，学习中国古都文化不仅有利于增进大家对中国传统文化的了解和认识，增强文化自豪感和文化自信，而且有利于大家陶冶情操，增加旅游的乐趣。

首先，增进对传统文化的了解和认识。中华文明博大精深，包括史学、文学、哲学、宗教、艺术、科技等。而追根溯源，中华文明的发源地或者说发祥地最初大多都在古都城市。

拿四大发明来说，造纸术、印刷术、指南针和火药被称作中国古代的"四大发明"，这是中国贡献给世界的四项重要科技发明成果。它们分别是在什么时候、在哪里出现的呢？四大发明里面的造纸术是在东汉建都洛阳时期，有一个叫蔡伦的宦官发明的，后来推广到了全国各地。印刷术、指南针和火药出现时间虽然先后不一，但都是在北宋建都开封时期成熟的，被记载在科

中国古都文化

学家沈括的《梦溪笔谈》里。后来，四大发明又随着丝绸之路传播到了世界各地，为世界文明和进步做出了巨大贡献。再比如诗词，我国的诗词文化丰富多彩，但绝大部分的大诗人曾经在古代都城的大舞台上活跃过，比如唐代的大诗人李白、杜甫、白居易等都长期在长安游学、生活，宋代的词人苏轼、王安石、李清照等也长期在北宋的都城开封做官、生活。他们分别在长安和开封了解社会、交流学习、抒发情感，最终才留下了大量脍炙人口、传诵千古的诗词作品。另外，我国的宗教文化也丰富多彩，有佛教、道教和伊斯兰教等。不过，在宗教传播初期，都城往往被作为传播的首选地，因为那里人口多、影响大。比如，佛教是东汉时期进入中国的，第一座佛教寺院就建在东汉都城洛阳郊外的白马寺，然后，以洛阳为中心向全国其他地方传播。所以，白马寺被称为中国佛教的"祖庭"，名不虚传。

文化是由人来创造的。古都不仅具有比较雄厚的经济基础，同时也是古代的政治、经济和文化中心。在此基础上，古都又成为全国的人才中心。大量的人才集中到古都，成为新文化的创造者。现代社会，流行"孔雀东南飞""南漂"，很多年轻人都向往东南的上海、杭州、广州、深圳，试图到那里去淘金、去发展。而在古代，都城则是人们漂流和淘金寻梦的地方，是人们向往的圣地，是人们实现人生抱负、展示人生价值的舞台。比如汉唐时期，人们可能是"西漂"长安和洛阳；北宋时期，则是"中漂"开封；而在明清时期，则是"北漂"北京。

以上这些例子说明，古都与中华文明的形成有直接的关联，古都是中华文明的重要发祥地，学习古都文化有利于了解和认识中国传统文化。这是我们要学习中国古都文化的一个重要原因。

其次，增强文化自豪感和文化自信。现代社会，我们谈文化自豪感和文化自信，它们来自于哪里？我们说，一个人的自豪和自信，主要来自于他渊博的知识，来自于他非凡的气度，就像苏轼说的"腹有诗书气自华"。"气"就是一个人的"精气神"，它来自哪里呢？来自一个人腹中的诗书。这诗书，本身就是一种文化。对于一个国家、一个民族来讲，也是这样。国家的文化自豪和自信来源于它的文化厚重度，而厚重的文化往往在古都这个地方集中呈现出来。所以，我们今天所熟知的古代中华民族的儒家思想文化传统——仁、义、礼、智、信，最初的时候都是在古都形成的；我们的史学、宗教、艺术、科技、娱乐等文化体系也都是在古都奠定了基础。还有，我们中华民族今天所奉行的对外关系准则——开放、包容、共赢，己所不欲勿施于人，和而不同、和谐万邦等文化最初也都是在古都形成的。汉代的时候，我们的先人开辟了从首都长安通向世界各地的丝绸之路，主动把中华文化输出国外；同时，又汲取海外优秀的文化传统，使我们的文化更加博大精深、兼容并蓄，始终保持鲜活和旺盛的生命力。

所以，古都在文化形成、传播与交流过程中，是一个重要的基点、一个重要的平台。通过这个基点和平台向世界展示中华优秀传统文化，揭示中华民族虽然历经磨难而百折不挠、走过上下五千年依然岿然屹立在世界民族之林的奥秘所在。这就是我们文化自豪感和文化自信的根基。

第三，有利于陶冶情操，增加旅游的乐趣。改革开放以来，随着我国经济的持续发展，百姓的生活水平不断提高，中国很多普通家庭都拥有了小汽车，中国进入了汽车时代。加上日益完善的高铁、航空和水路交通网络系统，人们出行更加便利，很多人都可以来一场说走就走的旅行。而人们在旅游休闲的过程中，都去了哪里呢？部分人选择去山水秀丽的自然风景区，比如黄山、庐山、泰山等地；部分人选择去空气新鲜的美丽乡村，比如江西婺源，皖南的西递、宏村等。甚至有部分人选择到国外去旅游，看埃及金字塔、巴黎圣母院等。不过，更多的还是选择在国内旅游。而且，有大量的人都喜欢到文化厚重的古都去旅游观光。古都积淀了丰富的物质和精神文化遗存，是现代旅游休闲的好去处。所以，大家会注意到，每年"十一"、春节"黄金周"的时候，分布在全国各地的许多大古都、小古都往往成为旅游的热点，有些古都城市还会出现热点景区爆满、酒店住宿紧张的局面，甚至像北京的故宫、

西安的大雁塔、杭州的西湖不得不限制游客的数量。

为什么会这样？因为古都城市往往有着悠久的历史、众多的文化景点、丰富的特色美食和别样的民俗风情，让游客流连忘返。比如，中国古代留存下来珍贵的四大佛教石窟——敦煌的莫高窟、天水的麦积山石窟、洛阳的龙门石窟，还有大同的云冈石窟，这几座城市在古代或是"大古都"或是"小古都"，在它们作为古代都城期间开凿了这些佛教石窟。因为这些佛教石窟艺术的独特性，往往吸引大量游客前往这四个城市观光游览。再比如大家非常熟悉的北京的故宫、长城，还有西安的兵马俑、南京的明孝陵等，这些物质文化遗存也是在它作为古都的时候遗留下来的。今天，它们成为中外知名的世界遗产，供国内外游客去参观、去体验、去访问。当然，古都城市还有大量的精神文化遗存，像特色饮食、民俗风情等，比较知名的如成都宽窄巷子、武汉户部巷、开封小宋城等都成为吸引人们到这些古都城市旅游的理由。按照旅游学的一般原理，人们在旅游过程中追求的是什么呢？简单来说，就是要看到在自己的居住地看不到的美景，吃到在家乡吃不到的美味，买到那些在家乡买不到的特产。另外，还要看到那些在家乡看不到的娱乐项目，甚至参与其中，深刻体验其中的乐趣。游客的这些需求都可以在古都得到满足。所以，人们到古都城市去旅游、休闲，不仅增长了知识，满足了求知的欲望，同时，了解了丰富多彩的古都文化，陶冶了自己的精神、思想和情操。

中国古都文化源远流长、博大精深。中国古都文化这门课程就是希望帮助大家走进古都、认识古都，揭开古都的神秘面纱。基于此，本书特意安排了以下几个章节的内容：绪论；第一章，中国古都的成因；第二章，中国古都的变迁；第三章，中国古都的重要考古发现；第四章，中国主要古都及其文化；第五章，中国古都文化景观；第六章，中国古都文化的影响。希望大家耐心地跟随我们一章章、一节节地去接触这些古代的都城，了解它们的前世今生。我们相信，这段中国古都文化的神圣之旅，一定会使大家的古都文化知识得到增长，使大家的精神文化素养得到升华。

# 第一章
# 中国古都的成因

现代中国有600多座城市,古代各个时期的城市数量也都有数百座之多。在这么多的城市里面,为什么有些城市成了古代的都城?到底是一些什么因素使古代帝王择都时选择了其中的有些城市而没有选择其他城市呢?

其实,这个问题一直都是国内外许多学者探讨和争论的问题。在我看来,中国古都的成因受多方面因素的影响,但主要包括经济、军事、交通、区位等。本章通过解读经济和水环境在古都形成中的作用,区位与军事因素对古都形成的影响,以及古代帝王择都要考量的其他因素,分析中国古都形成的原因,探讨中国古都形成的偶然性与必然性之间的关系。

# 第一节　经济与水环境因素

民以食为天！古代的都城往往都是人口相对集中的地区，人口多了，首先要解决人们的温饱问题。这样，经济因素，即是不是粮食的主产区，就成为古代帝王择都的主要因素之一。不过，在大运河等水上交通比较便利的情况下，都城的选择也可以远离粮食的主产区。本节通过解读中原多古都、两个天府之国，揭示粮食和主要农耕区域等经济因素对中国古都形成发挥的重要作用。同时，通过历史上大运河的南粮北运，分析水上交通在古代的重要功用，揭示古代帝王择都重视水环境因素的原因。

## 一、中原多古都

大家会注意到一个特殊的现象——中原多古都。狭义的中原，主要指的是河南这片区域。广义的中原，除了河南省以外，还包括周边的山西、河北、山东、湖北以及安徽的部分地区。在中原这个地区，既有洛阳、开封、安阳、郑州这些大古都，也分布着许昌、南阳、邯郸、曲阜等这些小型古都。为什么中原这个区域多古都呢？跟这个区域农耕文明发展较早有很大关系。

首先，我们要说一个概念，就是五谷，它跟古代的都城建立有密切的关系。我们常说"人吃五谷杂粮，哪有不生病的"，还有《论语·微子篇》中老农说孔子"四体不勤，五谷不分"。那么，"五谷"到底指什么呢？

事实上，五谷的说法多种多样。传统上，我们认为的五谷就是麦、稻、黍、菽和稷，是古代中国人经常吃的、解决人们温饱问题的最重要的五种植物。

大家对麦子、稻子都不陌生，这是两种古老的作物，稻子在我国的栽培史甚至超过了八千年。"黍"相当于我们现在所说的黄米，"菽"是古代豆类的总称。还有一种植物叫"稷"，它的另外一个名字是"粟"，就是我们现在所说的小米。在古代，"稷"还成了五谷的总称。所以，在重要节庆的时候，古代帝王往往要祭祀社和祭祀稷，"社"是土地神，"稷"就是谷神——百谷之神。所以，在古代，通常把"社稷"比喻为一个朝代。到了现在，我们仍然用"江山社稷"来作为国家的代称。

据史书记载，早在四五千年前，我们的人文始祖黄帝统一黄河中下游地区的时候，已经出现了五谷。当时，黄帝领导的部落联盟和炎帝、蚩尤领导的部落为了争夺黄河中下游这块肥沃的土壤，在中原地区打过仗。黄帝与炎帝在阪泉之野（今河北涿鹿东南）前后进行了三次大的决战。最后，黄帝战胜了炎帝，炎黄两个部落融合在了一起，成为华夏族最早的一个族群。接下来，黄帝又要面对另一个部落联盟首领——蚩尤的挑战。蚩尤是生活在黄河下游的一个部落联盟——东夷部落联盟的首领，以狩猎、捕捞为生，善于奔走，精于射箭、搏斗。黄帝在与蚩尤的作战中，"九战九不胜"，怎么办呢？经过慎重考虑后，黄帝采取了两个办法：第一，打持久战。黄帝部落地盘大、人口多，利于打持久的消耗战。第二，在粮食上做文章。《史记》记载，黄帝亲自教导部落成员：

  艺五种，抚万民。

——《史记·五帝本纪》

"艺"就是"种"的意思，"五种"就是我们前面所说的"五谷"。"艺五种"意思是说黄帝利用黄河中游良好的农耕条件，教百姓种植五谷，发展生产，解决百姓的基本生活问题；同时，也起到了安抚人心的作用。最后，经过长达三年的战争，黄帝战胜了蚩尤，最终实现了黄河中下游地区的统一。

黄帝的故事说明什么？说明了黄河中下游的中原地区是我国农耕文明最早的发源地。为什么我们的祖先选中了这一区域呢？黄帝出生地新郑的地方

志《新郑县志》对此这样描述：

地居土中，物受正气。

——《新郑县志·风土志》

通俗一点说就是气候适宜、四季分明、宜于农耕、宜于人居，加上黄河冲积所形成的肥沃土壤和临近黄河的优越灌溉条件，就使我们智慧的先民选择了黄河中下游地区作为他们最早发展农耕的区域。

由此看来，五谷作为中华民族最早的粮食作物，早在四五千年前就在中原地区开始种植了。帝王在选择都城的时候，自然也会选择粮食生产比较丰富、多产的区域。据传说，黄帝统一黄河中下游地区以后，就把都城设在了新郑。而在中华民族所有的粮食产区里面，黄河中下游地区的黄淮大平原是主要的农业区，而且是开发最早的农业区。所以，很多古代统一王朝或割据王朝都喜欢把都城设立在中原这块区域，并以这里充足的粮食生产作为统治的根基。说到底，都城的皇帝、官员要吃饭，保卫都城的军队和常驻的老百姓要吃饭，都城里为数不少的外来流动人口也要吃饭，而黄淮平原恰好能够满足这么多人吃饭的需求。这就是中原地区多古都的主要经济因素。

## 二、两个天府之国

熟悉历史的朋友还会注意到另外一个现象，即关中平原的西安、成都平原的成都也都曾长期做过都城，也都被称为"大古都"。这两个地方为什么成为古代的都城呢？还跟经济因素有关，因为关中平原和成都平原都曾经是令人向往的"天府之国"。

从农耕文明的开发时序上来讲，中原这块区域农耕文明的开发是比较早的。接着开发的有两块区域，一块是关中平原，另一块是成都平原。

关中平原位于陕西中部，是由黄河中游的重要支流渭河及其支流泾河、沣河、灞河等河流冲积而成的平原。关中平原介于秦岭和渭北山地之间，周围分布着函谷关、潼关、大散关、武关、萧关等众多关隘，古称"关中"。古时候，关中平原还有另外一个誉称"八百里秦川"。这句话什么意思呢？"八百里"是说关中平原东西的长度大约有八百里。而南北宽度不一，窄的地方，有十几、二十里地；而宽的地方，可能达数百里地。由于渭河、泾河、沣河、灞河等众多河流从西向东流经"八百里秦川"，这里土壤非常肥沃，灌溉十分便利，适于发展农耕文明，人文始祖之一的炎帝就曾经在这个区域活动。所以，这块区域也是我国较早被开发的农耕文明区域。

秦朝末年，汉高祖刘邦在楚汉战争中战胜项羽之后，张良曾经劝刘邦迁都关中的长安。在劝说词中，张良特别强调说，关中这块区域是：

金城千里，天府之国。

——《史记·留侯世家》

"金城千里"的意思是说长安位于众关之中，好比千里金城，易守难攻。"天府之国"意思是说关中平原好比是上天赐予人间的府邸，土壤肥沃，灌溉便利，适于发展农耕文明。这样的地区即使有太多的人口也不会挨饿，非常适合建都。汉高祖刘邦听从张良的建议，把汉朝的都城建在了长安，即今西安附近；"天府之国"这个称誉也为人们所接受，逐渐传扬开来。

接着，中华民族的先祖又开发了成都平原。这块区域的开发和秦朝有关，秦始皇的祖先在试图统一中国建立秦朝的时期，就已经想到要利用成都平原来发展农耕文明，为未来的统一开辟大后方。所以，秦昭襄王时期派精通水利工程的李冰为蜀郡太守来到了成都。李冰发现，在自然地形上，成都平原西北高、东南低，而岷江水则从西北流过。所以，李冰父子就巧妙地利用这种地形和水文特点，修凿了都江堰水利工程。史书记载，都江堰工程建成后，成都平原实现了自流灌溉，从此以后，成都平原：

水旱从人，不知饥馑，时无荒年，天下谓之天府也。

——《华阳国志·蜀志》

这段话的意思是说，都江堰工程建成后，水旱不再由老天爷说了算，而由成都平原的老百姓自己做主了。成都平原变成了沃野千里的宝地，老百姓丰衣足食，不再忍饥挨饿，也不再出现荒年，成都平原被天下人称作"天府"之国。成都位于成都平原的中部，成为都江堰水利工程的最大受益者，很快发展成为"天府之国"中心区域一个繁华的大都市。

李冰父子修凿都江堰工程30年之后，秦始皇消灭了其他六国，实现了全国的统一。大家知道，战争其实是一场粮食物质的消耗战，如果没有成都平原为秦朝进行长期大规模战争提供粮食和物资供应，或许秦朝实现全国的统一将会面临巨大的经济困难。所以，从这个意义上来讲，经济因素实际上是对古代帝王择都具有重大影响的因素。

利用两个天府之国带来的经济优势，西安成为西周、秦、汉，再到后来的隋、唐等多个王朝的都城，成为所有古都中为数不多的几个建都时间超过一千年的大古都之一。成都也成为三国时期的蜀汉，以及五代时期的前蜀、后蜀等多个王朝的都城所在地，两座城市一起跻身"十大古都"之列。而追根溯源，这离不开两个"天府之国"强有力的经济支撑。

## 三、历史上的南粮北运

不过，在分析经济因素对于古代都城形成的影响过程中，我们还需要关注另外一个重要的因素——水，即水上交通运输的作用。在这里，我们结合历史上借助大运河进行的南粮北运来说明这个问题。

水是生命之源，老子说"上善若水"。古代帝王择都的时候，也往往要考虑这个因素。水的作用很大，居民日常生活需要饮用水，农业灌溉离不开水，城市和居住环境的美化也需要水。与此同时，水在古代还可以作为战争进攻或防御之水，比如，秦朝大将王贲曾经利用鸿沟的大水灌注大梁城，迫使魏国投降。另外，古时候很多都城的外面都有护城河，用来防御敌人、保护都城安全。

所以，大家会注意到，我国绝大多数古都都位于江、河或湖泊的沿岸，大江大河哺育大古都，小的河流哺育小型的都城，每座古都几乎都把水环境条件利用到了极致。

水在古代另一项重要的作用是用作交通运输。现代交通非常发达，飞机、高铁或者自驾车已经成为现代人外出旅行的常用方式。古代的时候不是这样。在很长一段时期内，中国古代的主要交通方式就是水路。因为古时候陆上交通都是夯土或自然路面，道路不平、尘土飞扬，遇到下雨，泥泞难走。陆上交通速度慢，运量又小，还不安全。我们大家看《水浒传》，在黄泥冈，梁中书给蔡京贺寿的生辰纲不就被劫了吗？所以，古代陆路交通多有不便，在安全方面也得不到保障。而走水路的时候，速度快，运量大，还干净，更重要的是比较安全。所以，水路就成为古代交通运输的首选方式。

我们前面说过，黄河中下游地区的黄淮平原、关中平原，还有成都平原是三个农耕文明较早发展的区域。但是，魏晋南北朝之后，我国的江南地区，特别是江苏和浙江一带，得到了大规模开发，农耕文明快速发展，成了我国主要农业区。唐代中期发生"安史之乱"，北方黄淮平原和关中平原的经济遭到比较大的破坏。而江南没有战乱，农业经济后来居上，超过了北方地区。而唐、北宋以及后来的元、明、清时期，国家的都城大多数时候仍然在北方。

都城在北方，粮食主产区在南方，都城的粮食和物资供应如何解决呢？那就得通过水路，通过"南粮北运"来解决。就是在这种背景下，大运河发挥了至关重要的作用。

我国历史上的大运河有两个不同的走向。隋炀帝时期，主持开凿了一条大运河，北到涿郡，南达杭州，把海河、黄河、淮河、长江和钱塘江五条东西走向的大河连在一起，构成了长达数千公里的南北水上大动脉。一直到唐代和宋代的时候，还在持续利用隋炀帝时期开凿的大运河。这条大运河，存在了500年左右的时间，历史上把它叫作隋唐宋大运河。隋、唐和北宋时期，都城仍然在北方的洛阳、西安、开封这些城市，需要依靠大运河，从江南的

江浙一带运输粮食和物资到北方。这个时期的"南粮北运"对于古代中原都城的发展和繁荣发挥了非常重要的作用。

元、明、清时期,在长达 500 年左右的时间里,都城都设在北京。北京位于华北平原的北部边缘,不是我国的主要产粮区。上百万的北京人口,如何解决吃饭问题?无疑,也得借助大运河进行"南粮北运"。不过,元、明、清时期的大运河走向和隋、唐、宋时期不同,不走河南,而改走山东。这条大运河一直留存至今,被称为京杭大运河。

在元、明、清时期,"南粮北运"为维持都城北京的基本生活和经济贸易,维持北京城市的发展和繁荣,起到了重要的支撑作用。甚至有人把那时的北京称作从大运河"漂来的北京",从中可以看出水上交通运输的巨大作用。所以,我们说经济和水的因素是古代帝王择都首先需要考虑的重要因素。

## 第二节 区位与军事防御因素

接下来,我们来了解古代帝王在选择都城时需要考量的另外一个重要因素:区位与军事因素。本节将首先解读什么地方是天下之中,揭示天下之中对古都形成的重要影响。其次,分析在古都形成过程中水陆交通枢纽的重要性。另外,再通过对不同区域军事防御形势的分析,揭示军事因素对古都形成的重要影响。

### 一、天下之中的魅力

帝王择都有很多种因素值得考虑,除了前面提到的经济与水环境因素之外,第二个方面就是区位与军事方面的因素。在这里,"天下之中"具有很大魅力。也就是说，古代帝王择都的时候，要考虑都城是不是位于整个统治区域大概中心的区位。为什么要这样呢？

大家都知道，现代社会的交通、通信都非常发达。哪怕位于我国的边缘城市，只要乘坐飞机，我们就可以来一场说走就走的旅行。通信呢，我们只要拿起手机，打一个电话，发一条微信，或者是来一个视频，就能很好地与异地之间进行联系和沟通了。这样的社会，一个国家即使把都城设在相对偏远的区域也无关紧要，古代可不是这样。

古代帝王择都的时候，往往要对都城选址进行精心的考虑。如果都城位置太偏了，既不利于帝王和国家政令的上传下达，也不利于对于偏远地区的控制。哪里是比较理想的位置呢？位于统治区域相对中心的位置可能是比较理想的选择。都城设置在统治区域的中心位置，无论是对于国家政令的下达，地方信息向中央的汇总，还是赋税的征收、军队的调动等，路程远近都差不多。地方政府给中央交纳粮食和物资的时候，东西南北距离也大概是均等的。再加上，"中"有中央、中心的意思，对应着天宫里众星环绕的紫薇垣。这样一来，都城是不是位于"天下之中"，就显得异常重要了。但这又带来第二个问题，哪个地方是天下之中呢？

中华民族早期起源和活动的区域主要在黄河中下游地区，之后，以黄河中下游地区为中心，中华民族像滚雪球一样越滚越大。因此，这个区域似乎就是"国之中"。我国第一个奴隶制王朝——夏朝建立的时候，把全国的区域划分为九州（兖、青、徐、冀、豫、雍、梁、荆、扬）。以今河南为中心的地区叫豫州，正好位于其他八个州的中心位置，人们就把这里叫"中原"或"中州"，以此为"天下之中"。那么，"中原"或"中州"的中心又在哪里呢？

在西周建立的时候，有一个非常有名的人物，即周公，辅佐周成王治理国家。他曾受周成王的指派，去测量哪个地方是"天下之中"。周公当时利用的是比较原始的"侧影"方式，测量的结果显示，中岳嵩山就是"天下之中"，

他把这一结果报告给了周成王。

西周时期,嵩山归洛阳管辖,那就意味着,洛阳就是普天下相对中心的城市,就是帝王苦苦找寻的"天下之中"。所以,到东周的时候,都城就从今天的西安迁到了洛阳。后来,东汉、西晋、北魏、隋(炀帝)和唐(武则天)等很多朝代也都在洛阳建都。再到后来,我们国家又有了所谓"五岳"的概念。五岳包括东岳的泰山、西岳的华山、北岳的衡山、南岳的恒山,而位于中心的就是中岳嵩山。

一直到今天,中华民族虽然说面积越来越大,人口越来越多,民族成分也越来越复杂。但是,我们看中国地图的时候就会发现,中国的地图好像一只报晓的雄鸡,而中原这块区域位于雄鸡的核心或者说是"心脏"部位,仍然是相对的"天下之中"。

所以,"天下之中"是古代帝王择都时要考虑的一个重要因素。而且,这个观念影响深远,甚至到明朝的时候还出现一个事件。明太祖朱元璋在建立明朝初期,把都城设在了长江南岸的南京。但他觉得南京这个地方偏居南方,不利于对北方地区的控制。而且,朱元璋一直有比较强烈的"天下之中"观念,希望把都城迁移到中原地区。所以,他在位时期,曾经两次亲自来到河南,想把都城从南京迁到开封。而后,他又派太子朱标到洛阳、西安去查看,做迁都的各种预案。不过,由于种种原因,特别是明朝建立不久,内部稳定问题尚未解决,所以,朱元璋尽管在位20多年,最终也没有达成迁都中原的目的。到了他儿子明成祖朱棣的时候,他越过中原,直接把都城从南京迁到了北京。明成祖朱棣这样做的具体原因,我们后面还会详细讲。明太祖迁都的故事说明什么?说明"天下之中"在古代帝王择都过程中是一个重要的参考标准,始终具有巨大的影响力。

## 二、交通枢纽的优势

区位与交通是直接关联的。所以,除了"天下之中"这样一个区位因素之外,还有一个在帝王择都时经常考虑的重要因素,即是否具备水陆交通枢纽的优势。

现代社会里,大家都会注意到这么一种现象,无论是中国的城市,还是世界的城市,只要是大都市,往往位于水陆交通枢纽地带。便利的水陆交通运输系统,成为城市发展的重要支撑。中国人常说一句话:"要想富,先修路。"没有四通八达的交通系统作为支撑,一座城市要想发展繁荣起来,那会很困难。

当然,古代的时候也是这样。要想在某座城市建都,这座城市必须具备相对健全的水陆交通系统;或者把某座城市作为都城之后,就要围绕这座城市构建四通八达的水路和陆路交通网络。比如,秦朝建立后,秦始皇把咸阳作为都城。建国不久,秦朝就修筑了四通八达的驰道。驰道以咸阳为中心,向北通到蒙古草原地区,向东一直通到今天的连云港,向东南可以通达江南。秦朝的驰道有严格的修筑标准。史书记载,在地势平坦的地方,秦朝驰道宽五十步,大约相当于今天的60多米。道路两旁用金属锥夯筑厚实,每隔六七米栽一棵行道树。这种规格即使和今天的"国道"相比,也毫不逊色。

前面我们说过,古代帝王不仅重视陆路交通运输,更重视水路交通。隋、唐、宋以及元、明、清时期,修凿了规模庞大的大运河工程,而大运河在很大程度上又影响了帝王择都的倾向。宋朝的时候,宋太祖赵匡胤一开始因循五代后周的传统,把都城暂时放在了开封。后来,他觉得开封这个地方周围一马平川,没有高山大河作为防御的屏障,不利于都城的安全,打算把都城迁到洛阳甚至西安。但当他把这个想法向大臣们宣布出来,征求意见时,却遭到了大臣们的一致反对。反对的理由很集中,就是因为开封位于隋、唐、宋大

运河的咽喉要地,南粮北运,运到开封非常便利。但是,如果把都城迁到洛阳,或者西安,从江南运输粮食和物资到都城的时候,就比开封远了好几百里地。在今天,用火车或大卡车运输,几百里地不算什么。但在古代的时候,洛阳离开封有400里之遥;西安离开封更远,有800里左右。要运输粮食和物资,跨越这400里、800里的陆路和水路,就会付出相当大的人力、物力和财力。对于刚刚建立的宋王朝来讲,这就可能给老百姓造成沉重的负担。所以,大臣们才反对迁都。宋太祖赵匡胤毕竟是位明君,最终,他听从了大臣们的意见和建议,没有迁都。这样,开封才成为北宋的都城,发展繁荣了一个半世纪之久的时间。

到了北宋晚期,大画家张择端来到开封游学,留下了一幅杰作——《清明上河图》,展示了大运河带给都城东京的繁华。大家会注意到,在《清明上河图》这个五米多的长卷里,有40%以上的画面是大运河的一部分——汴河。汴河上有大量的船只,有些船只正在装卸货物。张择端通过这幅画想告诉我们什么呢?我想,他想告诉我们,在宋朝的时候,如果没有这条汴河,北宋不可能把都城放在开封;同样,如果没有大运河的水上交通运输,北宋都城开封也不会形成繁华的盛世局面,那"东京梦华"可能真的只是一场梦。今天,我们再看这幅画作,对比孟元老的《东京梦华录》,可能会更深刻地体会到宋太祖择都时的矛盾心理,也会理解为什么当时会发生君臣之间的激烈争论。不过,历史实践证明,大多数帝王的择都往往都是比较明智的。

交通系统一旦形成,无论是陆路的或者是水路的,往往成为都城发展的重要依托。再到后代帝王选择都城的时候,这些交通系统又成为他们择都的一个重要考量。而这些城市因为具备发达的水陆交通网络,它的发展和繁荣也就指日可待了。

### 三、进可攻退可守之地

现代社会，我们个人在买房的时候，会有很多考虑，如地理位置如何、交通是否便利、环境条件怎样等。同时，还有另外一个因素也绝对不能忽视，那就是是否安全。其实，都城就是帝王的家，古代帝王择都也是在为自己和子孙后代选择一个永久的家。所以，古代帝王择都时十分重视安全的因素，那些形势险要、"进可攻退可守"的军事要塞往往会进入帝王的视野。而在我国所有的城市里面，哪些城市具有"进可攻退可守"的突出优势呢？

很多朋友可能会想到西安、南京、洛阳，或者北京。南京被称为"虎踞龙盘"之地，北有长江天险，周边则有众多山地拱卫；洛阳周围有黄河、洛河、邙山等高山大川作为险阻；北京的北面则有万里长城作为向北防御的屏障，易守难攻。不过，在我国所有的城市里面，就"进可攻退可守"这个标准而言，也许没有哪座城市比西安具有更突出的优势。

西安位于关中平原的中部，周围高山和雄关环绕。南边是秦岭，东边是函谷关、潼关把守的要塞，北边是黄土高原，西边也是高山险阻。再远一点，通到河西走廊，属于典型的"四塞之地"。同时，西安所在的区域有"八百里秦川"肥沃的土地条件和丰富的粮食作物作为支撑。一旦遇到战争或国家动荡，周围雄关门一闭，外面的军队很难打进来；"八百里秦川"的粮食又足够吃，身在都城的皇帝完全可以高枕无忧。所以，历代帝王就看中了西安这个独特的优势，都愿意把都城放在这里，这使西安成了我国所有古都中建都时间最长的地方。

当然，"进可攻退可守"的城市不止西安一座，北依长江的南京军事防御形势也不错。但在历史上却形成了一个非常奇怪的现象——凡是在南京建都的王朝往往都比较短命。比如，我们大家熟悉的三国时期的吴、东晋，以及南朝时期的宋、齐、梁、陈，还有后来的明朝初期，建都时间长的也不过

百年多一点儿,短的只有几十年。这似乎给人们造成了南京这个地方不适宜做都城的印象。其实,客观来说,南京这个地方的军事防御优势还是非常明显的,北边是浩浩的长江,周围山地众多,"虎踞龙盘"。不过,任何一个地方的防御优势都是相对的。实际上,因为南京北面的长江非常长,非常宽,很难做到全面防御。所以,北方的军队要想打过长江有很多办法。他们可以避开防御严密的正面,从侧面或者从上下游向中间打,就很容易打过长江,对南京形成包围之势。而对手一旦跨过长江,那么,南京的防御首先从心理上就崩溃了。解放战争时期,蒋介石在都城南京附近的长江岸边布下了百万大军,试图阻挡中国人民解放军的南下。结果,毛泽东指挥人民解放军百万雄师渡过大江,很快攻占了南京,并留下了这样一首诗:

钟山风雨起苍黄,百万雄师过大江。

虎踞龙盘今胜昔,天翻地覆慨而慷。

——毛泽东《七律·人民解放军占领南京》

同样,建都西安的王朝也像走马灯一样,换了一朝又一朝。所以,从西安和南京建都的过程中,我们又可以得到另外一个启示。古代帝王择都时,虽然会选择一些军事防御要地,但是,决定古代王朝能否存续的主要因素往往不是一些自然存在的地形优势。那是什么呢?是能不能以德治国,能不能得到广大老百姓的心。一旦统治失德,失去了人心,一个王朝的都城再有地形优势,即使是"进可攻退可守"的要塞,也是不能永久作为凭依的。当年看似强大的秦朝的灭亡、汉朝的灭亡、唐朝的灭亡,不都说明了这一道理吗?

所以,从这个意义上来讲,尽管说便利的区位和优越的军事要素在帝王择都时是非常重要的,但是归根结底,"民心向背"才是决定性的因素。

# 第三节　其他因素

古都的形成除了受到经济、军事、区位、交通等相对客观的因素影响外，帝王择都时往往还有一些主观的考量，比如，是不是龙兴之地以及距离根据地的远近等。另外，在历史发展的过程中，也有一些都城的选择还伴随着一定的偶然性。

## 一、龙兴之地的牵挂

先说说"龙兴之地"对帝王择都的影响。什么是"龙兴之地"呢？就是古代帝王从哪个地方兴起的，或者说是从哪个地方发迹的。

比如，明代的时候，明太祖朱元璋去世之后，按照中国古代"嫡长子继承制"，该由他的儿子继承皇位。不过，他的大儿子也即太子朱标在朱元璋之前就因病而逝了，所以，就由朱标的儿子朱允炆以嫡长孙的名义（朱标长子早逝，朱允炆为次子）来继承皇位，这就是建文帝。从辈分上来讲，建文帝朱允炆是朱元璋的孙子。他一继承皇位，朱元璋的儿子们就不满意了。朱元璋在位的时候，出于巩固明朝统治的考虑，把他的二十多个儿子都分封到各地做了藩王。其中，分封到北京的是朱元璋的第四子燕王朱棣。朱棣虽然不是明太祖朱元璋和马皇后亲生的，但是，他文武双全，又十分仁孝，深得朱元璋和马皇后的喜爱。朱元璋委以重任，让朱棣以燕王身份镇守在北京，率领十万大军抵御北方的蒙古残余势力的侵扰。由于身处险地，经常与蒙古军队作战，所以，燕王所率领的这支大军的战斗力特别强。

中国古都文化

朱允炆继承皇位成为建文帝之后，他的担忧就随之而来了。什么担忧呢？很明显，这个担忧就是他的二十多个叔叔分布在全国各地，大部分手握重兵，严重威胁到他的皇权。怎么办呢？有些大臣建议他借鉴汉朝时期汉景帝的做法，进行削藩，逐渐削夺各地藩王的权力，这个建议被建文帝采纳。削藩政策开始实行后，一些藩王为了自保，主动配合中央的政策撤藩。而手握重兵的燕王朱棣则觉得，交出兵权主动撤藩，会失去与中央抗衡的能力，甚至会危及自身生命安全。在这样的背景下，燕王朱棣就在北京起兵造反了。当然，他起兵的理由也很冠冕堂皇，说建文帝身边有了佞臣，他起兵是为了"清君侧"。打着这样一个旗号，他率领十万大军从北京一路南下，杀到了当时明朝的都城南京。历史上，这次起兵被称为"靖难之役"。建文帝刚刚继承皇位，没有多少政治经验，更没有能力指挥军队；加上他手底下守卫京城的军队平时养尊处优，很少打仗，所以，他们根本不是燕王朱棣带领的十万大军的对手。

不久，燕王朱棣就占领了南京，建文帝下落不明。于是，就出现了各种说法。一种说法是建文帝并没有死，而是通过地道偷偷跑出去了，跑到哪里了？无人知晓。还有传说他逃到了偏远的西南地区，做了和尚，在一座小庙里了此一生。甚至有另外一种说法，说建文帝逃到了海外。后来，燕王朱棣继位之后，成为明成祖，还派郑和七下西洋，寻找建文帝的下落，试图斩草除根。当然，这些都没有真实的历史文献作为依据，只是传说。

燕王朱棣一旦做了新皇帝，成为明成祖之后，他首先需要考虑的问题是把都城定在哪里。是因循旧制，仍然在南京吗？如果在南京，就会有安全问题。因为不管怎么说，朱棣是通过非正当的手段夺取皇位的，很多文武大臣会对他心生不满；同时，南京不是朱棣的地盘，属于他的大哥朱标或者是建文帝朱允炆的势力范围。朱棣夺了人家的皇位，人家不可能不报复。异己力量这么强大，朱棣当然会感觉不安全。怎么办呢？他就想到要迁都北京。

即使今天看来，这个事情也合乎逻辑。比如说，我们一进到自己的家里就觉得非常放松、非常安全。为什么？因为我们太熟悉家里的环境了。而如果我们来到一个陌生的环境，就感觉不安全，甚至感到恐惧。北京是燕王藩邸所在，朱棣在那里经营了20多年的时间，那是他的地盘，到处都是他熟悉的人和他熟悉的环境。同时，他又是从北京起兵夺取天下的，北京就是他的"龙兴之地"，是他的福地。迁都到北京，他当然会觉得比较安全、顺心顺意。

于是，朱棣就从南方选拔一大批能工巧匠，同时，调集大量人力、物力，在北京大兴土木修建新的都城。十多年后，新都建成，朱棣正式把都城从南京迁到了北京。我们现在看到的明清故宫就是当年明成祖的皇城，即紫禁城所在地。

所以，明成祖朱棣迁都北京固然有很多主客观因素，但北京是他的"龙兴之地"是一个主要因素。

## 二、根据地的考量

说过了"龙兴之地"对帝王择都的影响，我们再谈谈后方根据地在帝王择都时的重要性。我国历史上，有不少北方游牧民族建立的政权。它们在建都的时候，往往会首先考虑后方根据地的重要性。传统上，我国古代大的都城一般位于中原地区。不过，游牧民族往往兴起于北方或者东北方的草原地区，一旦夺取政权，特别是建立统一王朝后，他们就会面临一个两难的抉择：如果建都在北方或东北方，即他们的根据地所在地，就会远离中原，不利于对全国其他地方的统治；但如果建都在中原地区，一旦国家动荡，发生战争，距离他们的根据地就比较远，不能得到较快支援。那么，到底选择在哪里建都最合适呢？

在中国历史上，北方游牧民族建立了两个统一王朝，一个是元，一个是清。元和清的都城，都放在了北京。为什么要放在北京而不是西安、洛阳或者其他中原城市呢？这与他们对于根据地的考量有密切关联。

元朝是依托蒙古族建立的政权，清朝是依托满族建立的政权。元朝的根

中国古都文化

据地在北方的内蒙古大草原,而清朝的根据地在东北广大地区。大家可能会注意到,北京这个地方正好位于游牧文明和农耕文明的交汇地带。在这个区位建都,向南可以俯瞰华北大平原,进而控制广大中原和南方地区;向北防御时,也可以很容易退守到北方或东北地区。所以,北京就成为元朝、清朝建都的理想之地。

不过,元朝和清朝之所以选择建都北京,是吸取了前代不少游牧民族建都的经验教训。什么经验教训呢?比如,南北朝时期,鲜卑族建立了北魏政权。一开始,北魏的都城在山西的大同。大同临近鲜卑族兴起的北方大草原,但是,这里位于黄土高原的北部,位置偏僻,土壤瘠薄,交通又极其不便利,尤其不利于北魏政权向全国的发展。所以,孝文帝继位后,就把都城从大同迁到了洛阳。史书记载,北魏迁都到洛阳,遭到了很多老臣的反对。其中,有一个理由很奇葩。一些大臣反映,在洛阳生活,气候跟北方的大同不一样,特别是夏天酷热,他们适应不了。孝文帝为了稳定人心,就迁就那一部分老臣,在洛阳和大同都给他们建有房舍,开辟有办公地点。夏天的时候,大同没有酷暑,有一部分老臣就在北方的大同办公;到冬天的时候,洛阳这个地方比较暖和,这部分老臣就来到洛阳办公。史书上还给这部分大臣起了一个非常有意思的名字,叫什么呢?叫"雁臣"。说他们像那大雁一样,随着气候的变化,在南北之间飞来飞去。

而值得关注的是,虽然孝文帝迁都洛阳加快了鲜卑族的汉化进程,有利于民族融合,但一个问题也引起了后代人的警觉,即在孝文帝迁都洛阳之后,北魏只存在了40多年的时间就分裂成了西魏和东魏,北魏这个政权就不存在了。有人认为,北魏之所以很快灭亡,虽然是由多种因素决定的,但是跟迁都是有一定关联的。北魏迁都到中原核心地区的洛阳,远离了鲜卑族的根据地——北方草原地区,使统治失去了根基,这最终导致了北魏政权的速亡。

北魏建都大同和迁都洛阳留下了值得思考的经验和教训,即,作为北方的游牧政权,建都的时候,既不能远离北方根据地,又不能太深入中原腹地。

比较理想的地区在哪里呢？就是北京。

所以，元朝和清朝在选择都城的时候，就看中了位置适中的北京。实践证明，这无疑是一个正确的选择。而且，元朝和清朝都维持了相对稳定和较长时期的统治。当然，蒙古族和满族原来生活在北方和东北地区，适应了寒冷的气候，所以，一到夏天，还是觉得北京较为炎热。怎么办呢？他们也借鉴了北魏的做法，一方面，在北方和东北地区保留了几座陪都。当夏天来临，北京比较炎热的时候，他们就到陪都去纳凉。另一方面，清朝的皇帝还在离北京不远的河北承德建有"避暑山庄"，夏天的时候就到那里去避暑、办公。

所以，我们说，根据地在哪里，也在一定程度上影响帝王选择都城的最终决定。

### 三、偶然与必然之间

除了一些主客观因素会影响古代都城的选择之外，有些时候，都城的择定可能还带有一定的偶然性。突出的比如南京和杭州，它们都是所谓的"大古都"，但有些朝代选择南京和杭州作为都城，就带有一些偶然因素。

先拿东晋建都南京来说。西晋末年，国家动荡，北方的匈奴、鲜卑、羯、狄、羌频繁侵扰中原，都城长安、洛阳已处于风雨飘摇之中。这时候，大量北方大族举族迁往南方地区。于是，南京、扬州等地一时间成为北方大族的新家。西晋皇族成员司马炎也开始关注江南的一些城市，为晋朝一旦有难寻找立足之地。西晋灭亡后，司马炎在南京称帝，重建晋朝，史称东晋。其实，在历史上西晋和东晋都叫晋，只不过因为曾经作为晋朝都城的长安和洛阳靠北靠西，而作为晋朝新都城的南京靠南靠东。现代人为了研究历史的方便，所以才分了一个西晋和东晋。其实，在历史上，它们是一个朝代的两个发展阶段。但不管怎么讲，南京作为东晋的都城，是具有一定偶然性的。

还有一个例子，就是南宋建都杭州。和西晋、东晋类似，历史上，无论

是建都开封的宋,还是建都杭州的宋,都叫宋。之所以把宋朝后期叫南宋,是因为它把都城从相对靠北的开封迁到了处于南方地区的杭州。而宋朝在从开封迁都杭州的过程中,也带有很大的偶然性。

北宋晚期的时候,北方游牧民族女真族建立的金逐渐强大起来。北宋末年,宋徽宗奢侈享乐,大建艮岳,信任奸臣蔡京、高俅等人,结果搞得政治腐败、民怨沸腾,国力大大削弱。到了徽宗的儿子钦宗统治时期,金兵的铁骑就跨越黄河,南下进攻宋朝的都城开封。结果,开封被金兵攻占,宋朝的两位皇帝宋徽宗和宋钦宗都做了金兵的俘虏,被俘虏到北方去了。在这种情况下,宋朝有可能就灭亡了,幸亏宋徽宗的第九个儿子康王赵构当时不在开封城内。他在哪儿呢?商丘,当时宋朝的南京。宋朝有东、西、南、北四座京城,东京开封是真正的都城,其他三座都是陪都,包括西京洛阳、南京商丘,还有北京。但北宋时的北京并不是现代的北京,《水浒传》曾经提到过北宋的北京,就是大名府,即今河北南部的大名县。

康王赵构不在东京开封,所以就幸运地逃过了一劫。当得知他的父亲和哥哥都做了金兵的俘虏后,为了续上宋朝的香火,康王赵构就在大臣的拥戴下另立朝廷,在南京商丘重建宋朝,赵构就是宋高宗。得知赵构继位,金兵当然不答应了,就派军队来攻打商丘。当时,赵构根本没有力量抵抗强大的金兵,最好的办法就是"三十六计,走为上计"。于是,他带领着自己的警卫部队和文武大臣、后宫,沿着大运河向南方逃跑。逃到哪里去呢?他们一开始打算逃到南京,准备把那里作为新都。但逃到南京后,金兵一直在后面尾随着,没办法,只好又向南跑。不久,逃到了杭州。宋高宗君臣觉得到了杭州就可以歇口气了,结果,金兵仍然在后面追。没办法,高宗君臣又沿着浙东运河(连接杭州和宁波之间的一条运河)继续向东南逃跑,一直跑到了浙江的宁波。即使这样,金兵仍然穷追不舍,非要斩草除根不行。陆路已经无路可逃了,怎么办?宋高宗没办法,就领着文武大臣逃到了几只海船上,跑到大海里去了。没想到,追赶的金兵又乘船追了上来。眼看走投无路了,恰在这个时候，海上忽然掀起了狂风大浪。今天看来，估计是遇到了台风、飓风。风浪一起，后面追击的金兵自顾不暇，他们觉得不用追了，在这样的大风大浪天气里，高宗君臣一定会葬身海底。所以，金兵就撤到岸上，返回北方。

但是，天不亡宋朝！高宗君臣乘坐的那几条船质量还算不错，经受住了风浪的袭击，没有让他们葬身海底。后来，风平浪静之后，高宗君臣回到了岸上。听说金兵北撤了，他们退到了杭州。高宗感觉杭州这个地方远离北方，城市环境也相当不错，于是，就临时把都城放在了杭州。不过，为了稳定军心、民心，对外宣称宋朝的都城仍然在开封，杭州是临安之地。但是，这一"临安"就临安了一百多年时间，宋朝的都城再也没有回到北方的开封，杭州成了南宋实际上的都城。从以上整个过程分析，杭州成为宋朝的都城，不就带有一定的偶然性吗？

当然，我们说任何偶然性的背后，都有一定的必然性。东晋定都的南京本来就是三国东吴的都城，是东南地区的经济和文化中心。南宋定都杭州表面看来有些偶然，但仔细分析起来，杭州是京杭大运河南方的终点，交通非常便利；同时，这个地方又有大量的湖面和沼泽。这种地形地貌，不同于中原和北方的草原地区，不利于北方游牧民族骑兵作战。所以，高宗选择杭州作为都城除了有一定的偶然性，还考虑了这个地方利于防守、交通便利、环境优美等诸多要素。

通过以上分析，我们可以看到，古代帝王在择都的时候是受多方面因素影响的。在历史上，既是粮食主产区，又位于天下之中，同时又是进可攻退可守的军事要塞等多种因素都具备的"完美都城"，其实是不存在的。每一座都城，都有它自己的优势和劣势。只不过，有些都城的综合条件相对好一些，那么，这些城市就易被选中，成为多个朝代的都城；而有些都城只具备某些方面的条件，综合条件不是特别好，所以，作为古代都城的时间就短些。

当然，要想保证一个朝代千秋永固，仅仅靠优越的都城条件是远远不够

的。只有帝王以德治国、以民为本，这个朝代才能够长久地存续下去。其实，古代作为都城时间比较长的城市，比如一些"大古都"，往往也是政治相对清明、经济相对繁荣的强盛朝代的都城。强盛的朝代成就了大的古都，反过来，大的古都同时也成就了一些朝代的繁华，并留下了丰富的文化遗产。

# 第二章
# 中国古都的变迁

　　中国历史悠久,朝代更替频繁。不同王朝或政权在新建时都会考虑选择和建设新都城,即使在同一王朝或政权统治过程中,由于政治、军事、经济等方面原因,也会更换新都。这种现象,越是在中国古代前期越是明显。古都变迁受到区位、经济、军事、环境等多方面因素的制约,但仔细分析,又有一定的规律可循。

　　本章主要将中国古代社会统一王朝统治时期的都城进行梳理,并对同一王朝或政权的都城变迁的状况以及变迁的原因进行探究。在此基础上,探索中国古代社会都城变迁的规律,为古都文化保护和开发提供参考,同时也为现代城市建设提供历史参考。对本章的学习,将有利于大家把握中国古代都城变迁的脉络,并从中发现其变迁的基本规律,学会运用动态思维方式看待历史现象。下面我们来具体分析一下各个历史时期都城变迁的情况和特点。

# 第一节　先秦都城变迁

先秦是指秦朝建立以前,主要是夏、商、周时期。先秦时期,都城变迁的最大特点就是频繁。夏朝都城变迁十余次,商代都城变迁有"前八后五"之说,也有十余次。粗略计算,夏商两朝平均50年左右就迁都一次,可以说是相当频繁。而到了商朝中期"盘庚迁殷"以后,都城才相对稳定下来。

## 一、夏商都城变迁

先秦时期都城变迁的最大特点就是频繁,特别是夏朝和商代前中期变迁更为频繁。夏朝都城变迁十余次,可谓相当频繁。禹的都城据说就有数处,其中包括安邑(今山西省夏县西北)、平阳(今山西省临汾市西)和晋阳(山西省旧解虞县西北,今安邑附近),还有阳城和阳翟两地的说法,史书记载:

夏居河南,初在阳城,后居阳翟。

——《史记》卷四《周本纪·集解》

阳城在今河南登封市东南,阳翟在今河南禹县,皆居颍水上游,黄河之南。禹之后,启居黄台之丘,在今河南郑州和新密之间。太康居于斟寻(在今河南巩义西南),最后桀也居于此。其后,相居帝丘(在今河南濮阳县西南),又居斟灌(在今河南清丰县南)。之后,帝杼居原(在今河南济源市西北),又迁于老丘(在今河南开封)。胤甲居西河,大致在今山西、陕西两省间黄河南端的东部,崤山附近。总体而言,夏王朝的都城均在黄河下游。

如果从商的先祖算起,商代都城变迁也达十余次,有"前八后五"之说。

论频繁程度，不下于夏代。商之先祖为契，由契到汤曾经迁都八次，汤以后迁都六次。其实，从严格意义上来说，商汤以前的八次不能算迁都，因为那时商族还没有建立政权，只是居住地的变换而已。商朝真正的迁都从商汤开始，共六次。

《史记·殷本纪》记载："汤始居亳，从先王居。"亳都在今河南郑州市管城区。汤以后至于盘庚的六次迁都分别是：仲丁迁于嚣（也有论者认为是敖），河亶甲居相，祖乙迁于邢，开甲和祖丁居于庇，南庚迁于奄，盘庚迁于殷。嚣，有论者认为在河南省开封市，也有论者认为在河南郑州市；相在今河南内黄县东南；邢在今河南省温县东北；庇在今山东省旧鱼台县；奄在今山东省曲阜；盘庚迁殷之殷即今天的河南省安阳市。盘庚迁殷之后也有一些有关迁都的记载，但文献记载不足，如《古本竹书纪年》也记载说："自盘庚徙殷，至纣之灭，二百七十三年，更不徙都。纣时稍大其邑，南距朝歌，北据邯郸及沙丘，皆为离宫别馆。"所以，其他零星记载中的都城这里暂不论述。

夏商迁都频繁，其原因众说纷纭。有学者认为商代都城变迁是与"青铜时代"所需要的矿脉有关，也有学者认为与洪水泛滥有关。但由于乏于文献记载，加上历史久远，难以确证。

自盘庚以后，中国的古都地理位置才开始趋于稳定。虽然春秋战国时期，各个诸侯国为了保护或者扩张领土，都城也有变迁，但相对于夏商时期已经是比较稳定的了，而且有明确的目的性。

不过，夏商时期的都城无论如何变迁，从地理位置而言，主要集中在今河南、山东等中原地区，亦都在黄河下游干支流附近，保证都城用水和灌溉问题，解决了都城经济问题。同时，到商代中后期，除了从经济上考虑之外，还从政治和军事方面考虑，被山带河成为都城选址的基本标准，奠定了中华民族都城选址的基础。

第二章 中国古都的变迁

## 二、周代都城变迁

周朝建立后，王朝都城由夏商时期黄河下游的中原地区转移到了关中地区。周人灭商后，没有在商的都城上继续建都，而是选择在关中地区，其原因是多方面的。首先，周人起源于陕西中部、甘肃东部的黄土高原地区，灭商前主要居住于关西的周原地区，对关西、关中一带更为熟悉，深知关西、关中被山带水的优势。同时，为了迁到更为富庶的地区和其疆土的中心，进而向东发展，周王朝由原来的周原迁到了丰京，之后又由丰京向东迁到了镐京。论土地肥沃，周原比不上渭河河畔的丰镐。周人一迁再迁，可以说是寻求更为富庶的所在。另外，也是为了寻找疆土之中，便于控制全国。由西向东的迁移，更是为了谋求关东的领土。其实，周人早在周原时，就已有了灭商之心，只是当时力量有限。当其力量雄厚时，感觉周原远在西陲，未能完成灭商大业，所以东迁。作邑于丰，并且把都城迁到那里，这就使东征有了可能，武王就是在这样的基础上伐纣灭商的。这是在周人灭商以前的几次迁都，等到周武王灭商后定都于镐京，与之前的丰京共称丰镐，也称宗周，地处今天的西安西南部，位于沣水的东西两岸，而沣水又是渭水的重要支流。自武王灭商到周平王东迁，近300年里，丰镐都是当时的政治、经济和文化中心。

东周时，为避犬戎的威胁，周平王元年（公元前770年），周室东迁至雒邑，并以雒邑为都。雒邑即今天的河南省洛阳市。雒邑真正作为都城虽然是在东周时，但其营建实际上开始于西周初年。提到雒邑的营建，不得不提"天下之中"的都城设计理念。这一设计理念最早发明于周公。周公想选择雒邑为都城，说这里是：

天下之中，四方入贡，道里相等。

——《史记》卷四《周本纪》

意思是说，雒邑位于天下之中，四方诸侯入贡，道路里程都基本相等。

灭商之后周公开始经营雒邑。周人灭商，疆土大大拓展，原来的都城丰、镐就显得偏于西方，难于统辖全局，因而就兴修雒邑，以雒邑为陪都，史称"成周"。周人当时的疆土是西起陇山以西，东至于海滨，北边已经越过霍太山，而南及于汉江之南。雒邑正好大体处于疆土之中，所以，周公就想把雒邑作为西周的东都。虽然周人并没有把都城从丰、镐完全迁到雒邑，但对于统治新得到的商人故土来说，雒邑起到了应有的作用。周公对雒邑的设计和经营为东周定都此地奠定了坚实基础，到东周周平王时，将都城从镐京东迁雒邑，虽然有避犬戎的因素，但与周公当年提出的"天下之中"理念不无关系。同时，东周正式将都城定为雒邑，也为之后一些朝代定都洛阳奠定了基础。这也是中国古代都城由西向东迁徙过程中关键性的一步。先秦时期，都城已经表现出了由西向东迁徙的迹象，但只是在关中地区内由西向东迁移，而由关中地区向中原地区迁移则是从东周迁都雒邑为起始。

东周春秋战国时期，由于周室衰微，诸侯蜂起，割据称雄，为了防御或进攻的需要，除了周室东迁至洛阳以外，一些诸侯国不断迁都。不仅中原大地有许多国都，而且淮河流域、汉水流域等也涌现了不少都城。如春秋时秦国的都城在雍，战国时，一迁于泾阳，二迁于栎阳，三迁于咸阳。秦自厉共公以后，即向东用兵，与魏国争河西地。要知道，河西地原来是属于秦国的，由于战国初期，魏国强盛，连年进攻秦国，从秦手中夺走了河西之地。秦灵公时，秦国实力已经大大提升，将都城从雍迁到了泾阳，泾阳在泾水之东。灵公之子献公更由泾阳迁至栎阳，栎阳又在泾阳之东。到秦孝公时，河西情况已经发生了巨大变化，魏国力量衰竭，无力与秦争衡，并且沿着洛河修起一道长城，企图阻止秦国向东发展。这时秦国的策略已经不再仅仅局限于河西地区，而是放眼函谷关外其他诸侯国的广大土地。栎阳虽居于泾阳之东，但东出函谷关，却不如咸阳更加便捷。因为咸阳正当渭河附近东西来往的大道上，所以，秦孝公又由栎阳迁都于咸阳。秦国后来统一六国，就是以咸阳为基地的。

战国时，韩赵魏三国皆曾迁都。春秋时，韩国都于平阳，战国时曾两次迁都，

第二章 中国古都的变迁

一迁于阳翟,二迁于新郑。赵国本都于晋阳,一迁于中牟,再迁于邯郸;魏国本都于安邑,后迁于大梁。这三国迁都有一个共同点:原来都是设在太行山西,之后先后迁徙到太行山东,或者黄河以南。这三个诸侯国除了在迁都方向上有一定相似性外,在迁都原因上也具有一致性。战国时,以陶(今山东省定陶县)为中心的济水和鸿沟流域,经济已经相当发达,成为富庶的地区。韩赵魏向东迁都,与此不无关系。

无论是夏商时期定都黄河下游地区,还是西周周代定都丰镐,其共同点是其都城主要分布在我国北方。中国古代以河运为主,为了生活用水方便,又利于交通运输,往往把都城建在河流附近或河流的交汇处。国都的四周围有城墙,城墙外以农牧业为主;城墙内是行政中心,也有商贸场所、统治者居住的宫殿等。到东周春秋战国时期,尽管战争频繁,但由于生产力逐渐提高,经济继续发展,都城不仅在黄河下游出现,而且在黄河中游、淮河流域、汉水流域、四川盆地、长江三角洲等地,都出现了一批新的都城。这为中国古代社会后期,都城向南、向东发展奠定了基础。

## 第二节　秦汉都城变迁

秦汉时期是中国古代社会大一统政治体制建立和巩固时期,其都城继承了商代后期及西周时期相对稳定的特点,主要有咸阳、长安和洛阳。这一时期较之先秦时期,都城更加固定,这与先秦时期都城建设为后代提供了丰富经验有一定的关系。

## 一、秦、西汉建都关中

秦始皇统一六国,建立了大一统帝国。秦国因为有建都关中的历史,对关中地区特别熟悉,所以在都城选址方面就没有太大难度。前面谈过,战国时期秦孝公为了向东发展,放眼函谷关外诸侯的广大土地,将都城从栎阳迁到渭水近侧的咸阳,并以此为基础,削弱六国,一统天下。秦王嬴政继位时秦国都城就已经在咸阳,年仅十三岁的嬴政当时没有考虑迁都。在他一统天下后,因为咸阳背山临水的双阳地理条件,使秦始皇很坚定地坚持依然以咸阳为都城。

西汉初,刘邦将都城建在长安,与秦朝都城咸阳中隔渭河,南北相望。汉高祖刘邦为什么没有继承秦朝都城咸阳,而是另择他地?其实,在刘邦的都城规划中,栎阳、咸阳、洛阳、长安等地都曾被考虑过,但最终选择了长安。其中原因为何呢?我们先来看关中的栎阳。当年,楚汉相争时,栎阳一直是汉军的后方大本营。刘邦住在栎阳城里后,有一种特别安稳的感觉。但作为西汉的都城是否合适呢?刘邦考虑,栎阳虽然曾经做过秦国的都城,但地方太小,也没有合适的宫殿,所以不太适合再做都城。栎阳不行,咸阳呢?咸阳作为秦朝都城,辉煌壮丽,财宝和美人应有尽有,市面上繁华,人口也多。当年刘邦先于项羽攻入关中,接受了秦朝投降后,直奔秦宫殿而去。刘邦本想好好地享乐一番,住住秦宫殿,当当秦王,不料却被张良、樊哙阻止了。他们把秦国的珍宝财产都封存起来,当天又回了灞上军营中。这唯一的一次咸阳之行,犹如一场美梦。后来看着项羽带着四十万人气势汹汹地打进函谷关,又给他摆了鸿门宴,刘邦庆幸,幸亏当时听了张良、樊哙的建议,不然这美梦就会变成一场实实在在的噩梦。项羽的祖辈中有一个叫项梁的人,他是楚国大将,死在了秦将王翦刀下。项羽为此恨透了秦人,所以对秦人也是毫不客气。他刚刚在函谷关外的新安县坑杀了二十万投降的秦军,杀红了

眼；又在刘邦表示臣服之后，率领大军开进了毫不设防的咸阳。巍峨的宫殿，宽阔的街道，众多的人口，都抵不过项羽的一把大火，咸阳宫的大火释放了六国遗民对秦国的最后一丝仇恨。据史书记载，大火三月不灭。等火已熄，霸王已死，天下初定，但咸阳宫也不复存在。大火过后的咸阳城对刘邦已经没有了太大吸引力。都城到底该建在哪里呢？

曾经的大本营栎阳不合适，如今咸阳也被项羽一把大火给烧了，刘邦只能选择其他地方作为都城。据《史记》记载：

> 高祖欲长都洛阳，齐人刘敬说，及留侯劝上入都关中，高祖是日驾，入都关中。
>
> ——《史记·高祖本纪》

也就是说，汉高祖刘邦本来确实是想定都洛阳的，是在齐国人娄敬（后来被赐姓刘）和留侯张良的劝说下，才决定定都关中。娄敬如何说服刘邦定都关中的呢？据《史记·刘敬叔孙通列传》记载，娄敬当年劝刘邦不要定都洛阳有两个原因：

第一，周朝能守住八百年基业是"在德不在险"，但是后来秦始皇、霸王项羽都是以"武"服人，不是"以德服人"，这就说明现在人心不古了，不能再定都洛阳了。

第二，关中有地理优势，即"秦地被山带河，四塞以为固"，万一山东乱了，大汉最起码还能保住关中地区，并且关中居高临下，易守难攻，可以制衡山东六国。刘邦听了之后犹豫不决，而且追随他的部下们大多是山东人而不是关中人，所以，许多人反对娄敬定都关中的建议。此时，张良出面，认为关中乃：

> 金城千里，天府之国。
>
> ——《史记·留侯世家》

即关中除了有制衡诸侯的地理优势之外，本身也有支撑霸业的经济资源。在听了留侯张良的意见之后，刘邦最终决定采纳娄敬建议，"即日车驾西都关中"。这里的关中便是长安。长安虽然与咸阳距离很近,但从地理位置上而言更胜于咸阳,这也是后来许多王朝选择以此为都城的原因之一。

## 二、东汉都城变迁

东汉时,光武帝将都城从关中长安迁到关东中原洛阳。长安曾经作为西汉的都城,成就了西汉盛世,光武帝为什么不继续定都长安呢?究其原因,除了长安已经残破不堪,不易经营以外,经济方面的原因恐怕是其选择洛阳为都的关键因素。长安虽然有被山带河的军事优势和土壤肥沃的经济优势,但随着都城人口的增加,经济中心的东移,关中地区的粮食供应已经成为一个很大的问题,需要通过漕运从关东以及更东的地方运输。而长安漕运的艰辛,尤其是砥柱的险阻,又无法克服,这成为汉武帝不得不慎重考虑的问题。洛阳距离当时富庶的产粮地区较近,又远在砥柱的下游,可以避免黄河翻滚的波涛,这一点是优于长安的。东汉都城从长安迁到洛阳,经历了由西向东、向南的变化,这与经济中心向东转移有一定的关系,但都城的变迁往往是由多种因素影响的。虽然光武帝为了经济原因而将都城从西汉的长安迁到洛阳,励精图治,出现了光武中兴之景象,但到东汉后期,由于政治原因,都城又在洛阳、长安、许三地间变迁。献帝初平元年(190年),迁都长安,建安元年(196年)又迁回洛阳,同年,又迁都许(今天的河南许昌市)。东汉后期都城之所以频繁变迁,与其王室衰微、政局不稳有直接关系,可见,政治越稳定,都城也越固定,变迁越小;反之则变迁频繁。

## 第三节 魏晋南北朝都城变迁

魏晋南北朝时期是中国历史上政权更迭最频繁的时期。这一时期,都城在继承东汉都城的基础上,经历了洛阳、成都、武昌、建业(今南京)、长安等地的变迁过程,较统一王朝时期频繁。这一时期,都城变迁出现了一个鲜明特征,即许多割据王朝或政权定都南方,以经济为重心,而不太顾及军事和政治方面的因素。

### 一、魏晋都城变迁

东汉末年,曹丕废汉献帝,建立曹魏,定都洛阳,终结了汉朝政权。蜀汉建都成都,孙吴建都武昌(湖北鄂城)后迁建业(今南京)。三国鼎立之势由此形成。这时期都城也相对分散。之后,西晋在司马炎废曹魏的基础上建立,都城沿用曹魏故都洛阳。这样,西晋结束三国鼎立局面后,全国的政治中心由相对分散的三个地方集中到洛阳一地。西晋末年,洛阳城在"八王之乱""五胡乱华"时遭到破坏。王弥、刘曜攻破洛阳后,焚烧宫庙,纵兵抢掠,破坏极为严重。

东晋(317—420年)建都建康(今南京)。其时,战乱不断,山河破碎,出现了南北朝南北对峙的局面。孙吴、东晋皆以南京为都城,其中原因,一方面考虑到长江天险和太湖流域经济富庶,但另外还有一个重要原因就是其接近于王朝或政权建立者的根据地。由于孙吴起家于长江流域,都城选在此区域有一定的合理性。如果政权兴起于黄河流域,而定都于长江流域,这在古代往往是一种迫不得已,如南宋。所以孙吴、东晋定都于长江流域的直接原因恐怕还是政权兴起于这一地区。

## 二、南北朝都城变迁

南北朝以东晋灭亡开始,至隋朝建立为止,是中国历史上南北大分裂时期。这一时期,南朝历经了宋、齐、梁、陈四个朝代,仍延续东吴、东晋的惯例,以南京为都城,主要看中的是长江有利的地势条件。因为对于南朝而言,当时北方犹有强大的政权相邻,这些强大的政权统治者时时想渡江南下,但长江不是轻易就能够渡越的。同时,定都南京也有经济方面的原因。南京邻近太湖区域这一富庶的经济地区,三国孙吴、东晋定都于此时,此地就已经有了相当的经济基础。沈约在《宋书》中做了特别论述,他说:

> 江南之为国盛矣,……地广野丰,民勤本业,一岁或稔,则数郡忘饥。会土(指会稽郡)带海傍湖,良畴亦数十万顷,膏腴上地,亩直一金,鄠(今陕西省户县)、杜(今陕西省西安市南)之间,不能比也。荆城(指荆州)跨南楚之富,扬部(指扬州)有全吴之沃,鱼盐杞梓之利,充仞八方,丝绵布帛之饶,覆衣天下。
>
> ——《宋书·列传第十四》

沈约认为这里的经济发展程度已经远远超过了当时的关中地区。这样富庶的经济地区,对于建都南京的王朝或政权自然能起到一定的物资保障作用。三国时的吴国和东晋、南朝能够立国较久,固然有大江作为屏障,使北方的敌对者不能轻易跃渡,但同时也是因为有这样强大的经济基础作为保障。不过南京和太湖富庶地区之间隔着汤山和大茅山,道路运输还有若干不便。为了解决这一困难,早在吴国时,就曾凿句容中道,这条运道的开凿利用了秦淮河的水道。秦淮河有三源,除一源来自溧水县外,另外两源分别来自茅山和句容县的华山,这两条水源汇合处即在句容县的西南。这条运道开通后,南京和太湖富庶地区就可以直接联通,船舰可以互通,直至南朝时还曾长期

使用。

相较于南朝,北朝主要定都以洛阳为中心的北方。北魏最初定都于盛乐(今内蒙古和林格尔县),其后迁于平城(今山西省大同市)。北魏为鲜卑族所建,盛乐在当时为游牧地区。游牧民族建都于游牧地区,应该说是常理。之后的都城平城与盛乐不同,它已是半农半牧地区。拓跋氏迁都于此主要是为了发展国力,向其南面的农业地区挺进。都城也随着向南迁移,这在当时实为不可避免的局势。当北魏政权实力还没有达到足够强大时,都城不能离游牧地区太远。平城相对于盛乐而言比较靠南,但相对于之前王朝和政权的都城而言,还是比较靠北的,离北魏的根据地并不太远。随着北魏实力的增强,孝文帝认为平城偏处北方,不利于统一中原,于是亲率大军和文武百官连同其家属100多万人,将都城从平城又向南迁移直到洛阳,其主要目的就是企图占有长、淮以南的南朝土地,在统一北方的基础上进一步统一全国。我们知道,这时的鲜卑人已经逐渐向农耕转化,黄河流域的土地基本得到控制,故能远离北方游牧地区,将都城南迁。北魏定都洛阳,也使洛阳成为当时中国北方的政治、经济和文化中心。

北魏之后,西魏、北周都城又向西迁,都于长安,在前朝迁出关中之后又重返关中,这是为什么呢?究其原因,主要源于北魏孝武帝的西奔。孝武帝西奔的目的是想依赖宇文泰。当时宇文泰的军队有两三万人,而随孝武帝西奔者不过万人。其实宇文泰实力在当时也不是绝对强大,只因他当时已据有雍州,在关中地区拥有一定的社会基础,否则孝武帝定然不敢仓促西奔。宇文泰曾跟从贺拔岳转战于关陇地区,贺拔岳死后,宇文泰继统其众,其部下也多关陇豪右。后来,宇文泰在邙山为高欢所败,更广募关陇豪右以增军旅。关陇豪右成为宇文泰的重要支持力量,其后北周东征,也主要依赖于此。西魏和北周初年,尚局限于关西一隅,论形势不能不以长安为都,论实力也不能不依赖关陇豪右。所以,西魏、北周都城从关东的洛阳迁移到长安,主要是考虑关陇豪右的势力支持,这为后继者隋唐定都长安奠定了坚实的社会基础。

可以看出，魏晋南北朝时期，南方经济获得了极大发展，东晋和南朝政权定都南方，也为南方政治、文化发展创造了条件，使南方获得了综合发展。这也成为中国古代社会都城变迁中的一个鲜明特征，即在动乱分裂时期，许多王朝或政权定都南方，以经济为重心，而不太能顾及军事和政治。正是因为在军事和政治方面顾及得少，所以王朝和政权历时相对较短。这也从另外一个侧面反映了在中国古代社会，都城的军事和政治功能在其诸多功能中更为重要。

## 第四节　隋唐五代都城变迁

隋唐时期是经历了五胡乱华和南北朝两个漫长时期后的两个大一统皇朝。隋代因承袭北周，唐代又因于隋代旧规，所以，隋唐时期，绝大部分时间均定都长安。但在隋炀帝、武则天统治时期，却在实际上以洛阳为都城。都城的稳定和繁荣发展与隋唐时期政治、军事、文化、经济、科技上的大发展密不可分。五代时期，北方政权的都城向东转移向黄河下游的开封，而其他十国的都城主要位于江南地区。

### 一、隋唐时期的都城

隋代因承袭北周，唐代又因于隋代旧规，所以，隋唐时期，均定都长安（今西安）。长安的军事防御地位在前面已经讲过，具有"一夫当关，万夫莫开"的绝对优势。但隋代建立政权时，全国的经济中心已经从关中地区向东、向

南迁移。如果选择长安作为都城，就会面临都城官民粮食供应困难的问题。在军事和经济因素发生冲突时，隋唐统治者还是更看重军事防御因素。因为从前朝失败的教训来看，当经济问题和军事、政治问题相矛盾时，以军事和政治问题为重方能保证王朝或政权不会瞬间垮塌。至于说面临的都城用粮问题，可以在保障都城军事安全的情况下，积极谋划解决。所以隋代为了解决长安城用粮困难的问题，大力开凿漕运。

承继关系和地理形势等方面的因素促使隋唐定都长安，此外，地方势力也是其定都长安很重要的因素之一。特别是唐代，其王朝开创者本来就是当地地方势力扶持起来的，因而能够得到更多的助力。这种地方势力就是关陇集团。关陇集团炽盛于隋代及唐初。之所以炽盛于这两个历史时期，主要是关陇集团与隋、唐王朝互相作用的结果。关陇集团开始形成于北魏分裂为东、西魏之前。前面讲过，北魏的分裂是由于孝武帝为高欢所迫西奔长安，长安于此时被重建为都。所以，长安重新为都，并不仅仅是因为它有河山之险，还因为这里已经形成了一种强大的地方势力。隋代时，长安和洛阳本为东、西两都，隋炀帝更长期居住于洛阳。隋末乱离，李渊起兵于太原。他以匡扶为名，却不驱兵洛阳，而是直指长安。因为他清楚，关中不仅有四塞之固，更重要的是，关中是关陇集团汇集之地，如果能够取得长安，就能够获得这个集团的支持和拥戴。事实上他能够打下江山，得益于随从的功臣中大多数都是出身于关陇集团。

隋唐时期绝大部分时间都以长安为都城，同时，以洛阳为东都。但也有例外，隋炀帝和武则天建立的武周时期，把洛阳作为实际上的都城。虽然时间不长，但可以作为隋唐都城变迁的一种表现形式。

## 二、五代十国都城变迁

五代十国时期，政权割据，都城的最大特点就是承续和变迁。五代时以承续为主，后梁、后晋、后汉与后周的都城前后承续，均定都开封。而唯有后唐定都洛阳，但也具有明显的承续关系。后唐宣示自己是继承唐朝的正统地位，所以定都洛阳。五代时期，开封正式取代长安、洛阳成为那个时期的政治、经济、文化和军事中心。后梁开启五代定都开封的历史，主要是出于经济和其根据地双方面考虑。晚唐以来，经济中心南移趋势加剧，传统的经济中心长安和洛阳已经衰落，粮食都不够吃，何况作为都城的其他消耗呢。而且，长安被黄巢、朱温破坏了，重建难度大。开封相较洛阳而言比较偏东，距离华北平原、长江中下游平原近，又是朱温的大本营，所以后梁建都于此在情理之中。后梁定都开封十七年，时间虽短，但所征租赋较轻，人民得到休养生息，政治、经济都获得了很大发展，使中国的政治中心从西部转向东部平原地区，具有重要的里程碑意义。后晋是联合契丹人篡夺了后唐的江山，不敢在洛阳定都，最好的选择也是十几年前就做过都城的开封，所以定都开封。之后的后汉是驱逐契丹人、宣示光复华夏的，并非夺的后晋江山，所以定都开封也无妨。951年，郭威发动澶州（今濮阳）兵变，灭后汉建后周。后周夺的是后汉的江山，但后汉本身建立时间才三四年而已，没有根基，所以采用其都城作为新政权的都城也无妨。郭威勤政爱民，大力改革，使后周出现了新的气象。之后周世宗柴荣即位，在郭威的基础上，整顿朝纲，改革弊制，在内政和军事方面都取得了很大进展。他三次征伐南唐，夺得"淮南十四州"的土地，并恢复了江淮漕运，使开封经济进一步提升。后来他又发动10万民夫在原汴州城外筑外城，使开封的都城地位更加巩固，为其后的北宋建都开封，并将其建设成为国际化大都市奠定了坚实的基础。

十国政权中，原后汉河东节度使刘崇在太原称帝，建立北汉，定都晋阳（今山西太原南）。北汉是十国中唯一在黄河流域建立的政权。吴国因唐淮南节度使旧治都扬州。南唐西都金陵府（南京）、东都江都府（扬州），吴越都杭州，楚国都长沙，闽都长乐府（福州），南汉都兴王府（广州），前蜀、后蜀均都成都，南平都江陵府（今属湖北）。十国政权时期，都城分散而历

时短暂,而且以南方为中心是这一时期都城变迁最大的特点。

建隆元年(960年),赵匡胤取代后周建立北宋,以汴州为都城,称东京,从此,我国的政治中心东移,迁出太行山区,向东向北发展。下面我们来看宋代都城变迁的具体情况。

## 第五节 宋、辽、西夏、金都城变迁

北宋、辽、西夏、金属于同一时期并存政权,同时也是不同民族建立的政权。在本节学习过程中,大家除了了解宋代都城的变迁及其原因,还需要特别关注一下少数民族政权都城选址的特殊影响因素。

### 一、宋代都城变迁

宋代都城共三处,北宋宋太祖建隆元年(960年)至钦宗建康二年(1127年)定都开封,南宋宋高宗绍兴八年(1138年)至宋恭帝德祐二年(1276年)定都杭州,宋端宗景炎元年(1276年)至元十一年(1278年)定都福州。

北宋作为统一王朝,相较于之前的统一王朝,都城向东迁移比较明显。北宋承续后周,以开封为都。而且在北宋之前的五代中,除了后唐政权不在开封定都,其他四个政权都定都于开封,所以开封已经有了一定的都城基础。同时,宋太祖赵匡胤曾是后周的殿前都点检,通过陈桥兵变掌握大权,建立北宋王朝,在后周都城的基础上定都开封也是情理之中的事情。

除了承继原因,宋太祖赵匡胤定都开封主要是看中了开封得天独厚的漕运便利条件。此时,经过唐代中叶安史之乱后,藩镇割据加剧,毫无宁日,原来的黄河下游富庶的粮食产地已经逐渐残破，难如以前的盛况。中国的经济重心已经从黄河流域转移到了长江下游三角洲和太湖流域，所以建都北方的王朝或政权就会特别看重漕运的作用。开封当时处于"四达之会"，具体说来，它是当时漕运四河的集中点。这四河为汴河、黄河、惠民河和广济河（《宋史》卷一七五《食货志上三》）。汴河由今天的河南省荥阳市广武山，北引黄河水东南流，经过开封，到泗州（治所在今安徽省盱眙县）入于淮河。当时的黄河由广武山北向东北流去，距离开封稍远，不过黄河中的船运，还是由汴河达到开封。惠民河即蔡河，它是由开封西南引闵水合于原来的蔡河，南流至陈州（治所在今河南省淮阳县）合于颍河。广济河为五丈河，由开封东流，历曹（治所在今山东省定陶县西南）、济（治所在今山东省巨野县）、郓（治所在今山东省东平县），汇于梁山泊。这几条河都交汇于开封城下（《宋史》卷九四《河渠志四》）。这些河流都可转运漕粮，供应开封。这一点在之前的后晋、后汉、后周等政权定都开封时就表现得很明显，大家主要就是为了贪图当地漕运的便利。开封在洛阳之东，运道当然更为便捷，况且开封自隋唐以来就是汴河流经的重要城市，汴河为当时漕粮的主要运道；后来疏通了惠民河和广济河，开封的漕运更为便利。后晋到北宋这几个王朝或政权都是企图使他们的都城更接近于富庶的经济地区，这样可以省去若干漕运的麻烦，并减少由此而引起的一些危机。

但开封作为国都，由于地处平原，无险可守，并非绝对理想之地。作为军事家的赵匡胤自然有清醒的认识，他心里不止一次涌动过迁都的构想。而洛阳是他的出生地，地理优势明显好于开封，而且文化气息浓厚，经济也曾发达，迁都洛阳，显然是一种明智之举。所以，北宋统一后，赵匡胤对于都城的建置本来打算做一番改革，迁都洛阳，但遭到了诸多勋贵朝臣的极力反对。大臣们罗列了一堆理由：首先，洛阳的基础设施还不完善，相比较开封，硬件太差，不足以支撑中央政府和大量驻军在此办公；其次，开封漕运发达，运粮运兵都很便捷，无论是保障京城粮食物资供应，还是出行等各方面，洛

阳都不如开封；第三，他的弟弟赵光义说了一句安邦"在德不在险"，决定国家兴衰的因素不是靠天险等地理因素，而是靠政治因素，这句话的分量很重，最终让赵匡胤做出了妥协。当然还有一种猜测未得到证实，就是赵光义作为开封府尹，经营多年，培植了大量自己的势力，也是不想迁都的。

除了上面所说的各种政治因素，其实还有一些原因，就是跟这些朝中大臣的自身利益不无关系。众所周知，北宋取代后周算是和平过渡而来，并没有像其他朝代更迭那样，历经战争破坏，各阶层重新洗牌。宋代替后周后，这些上层人士多为后周王朝的故旧，在后周时他们早已在开封广置田产、庄园等大量不动产。因此，当赵匡胤提出迁都，自然远离了他们的地盘，这些人首先考虑的不是国家安危大局，而是个人利益得失。如果真的迁都洛阳，就意味着他们要放弃已在开封获得的利益，因此，出于各种理由的反对之声大量出现也就不足为奇了。

所以，综合多方面原因，赵匡胤最终选择开封作为都城。开封也在北宋一百余年的历程中，形成了辉煌灿烂的都城文化，但即便如此，其最终还是没有抵挡住金兵的铁蹄。南下的金兵将宋王朝逼向了江南。

南宋定都杭州。宋高宗南渡后，迫于金兵，居无定所，转战杭州、温州、越州、绍兴府、临安府、建康府、平江府等多地，直到绍兴八年（1138年）才最终定都杭州。杭州虽然是在北宋开封失守后仓促决定的，但其富庶的经济优势使南宋在经济方面不至于有多大顾虑。杭州相较于东晋时期的都城南京还要更接近于太湖富庶地区，水道交通尤为便利，当然也显得更为富庶。但是经济的富庶，也难免会导致其他的后果。当时处于金人统治下的中原人民，时时盼望着仓皇南逃的皇帝能够早日回来。但南渡的南宋军事实力并没有比之前有大的改进，不要说回归中原，就是长淮一线都难越过，这也深深辜负了中原父老的殷切期望。南宋为什么会这样萎弱不振呢？有人就认为是由于杭州的富庶，削弱了当时朝野恢复的意志，所谓"暖风熏得游人醉，只把杭州作汴州"（林升《题临安邸》）。

杭州除了富庶的经济，在军事防备方面，其实也有值得推崇的地方。杭州与东晋时期的都城南京相比，军事防备上要略胜于南京。南京濒临大江，大江虽甚险要，但毕竟离南京城太近了，在那里的王朝或政权不免忧心忡忡，唯恐中原的敌对势力渡江来攻。杭州远离长江，这样的顾虑可以减少些。南渡之初，金人追踪南下，南京几乎难以立国，以后进犯的金兵打到江边却都无奈返回，因此也保全了这里的富庶地区。这样的富庶地区支撑了南宋的半壁河山。南宋每年向金国缴纳的大量岁币，也取自于这个富庶的地区。南宋也以这个富庶地区的经济力量，换得了杭州城中比较安闲的岁月。然而，这种富庶没能支撑南宋偏安一隅于长久，最终还是被南下的蒙古大军攻破。

## 二、辽、西夏和金的都城

在北宋、南宋王朝统治期间，有辽、西夏、金三大少数民族政权交错存在。辽是契丹族建立的政权，建都上京临潢府（今内蒙古赤峰市巴林左旗南波罗城）；西夏是党项族建立的政权，建都兴庆（今宁夏银川）；金是女真族建立的政权，起初定都上京会宁府（今黑龙江阿城区），后定都燕京，即今北京。金以燕京为都80余年。

辽、西夏、金三个少数民族政权位于我国的北方或西北部，以游牧为主，无法选择在中原或长江流域建都，所以，和中原王朝相比，其都城选择有以下几个方面的特点：首先，在空间上，主要分布于中国北方或西北方，主要原因与其民族起源地有密切关系。其次，尽量选择在农牧兼顾地区，比如，西夏的兴庆府（银川）和金后期的都城燕京（北京）。这样做，一方面可以不脱离游牧的根本；另一方面，也可以部分解决都城粮食供应问题。第三，逐渐向中原地区靠近。特别是金的都城，一开始定都上京会宁府（今黑龙江阿城区），后来徙都燕京，即今北京。这为不同民族间的相互融合提供了便利条件，也为元、清两大少数民族建立的大一统政权定都北京奠定了坚实的

基础。

后来，蒙古大军一举攻下金都燕京，金朝灭亡。元朝灭金后，承继金的都城，定都燕京，改称大都（今北京），开启了中国古代历史上统一王朝长期建都北京的历史。

## 第六节　元明清都城变迁

除了明朝初期定都南京外，元明清三代均定都北京。这三代都城虽然从大的空间上而言都是在北京，但不是前后完全重叠在一起的，特别是元代大都和明代北京，两者南北边界有所区别。到了清代，大体沿用了明代的北京城，而没有很突出的改变。

### 一、元明清定都北京的原因

元明清三代均定都北京。虽然明代在其初期定都南京，然而到朱棣夺取帝位后，很快就将都城从南京迁到北京，所以，明代的大部分时间还是以北京为都城的。北京相较于之前各代都城而言，在空间上是由南向北迁移，而且长期稳定。

元明清三代都城的名称略有变化，元代时称为"大都"，明代时称为"行在""京师"，清代时称为"京师""燕京""北京"。名称虽然不同，但地理位置大体一致，均在今北京附近。

元明清定都北京虽然各有具体原因，但总体而言，政治军事方面的原因是其共同之处。我国的地势是西北高而东南低，北京地形较高。早在元代之前的金朝就有人说：

> 燕都地处雄要，北依山险，南压区夏，若坐堂隍，俯视庭宇。
> ——《金史》卷九六《梁襄传》

北京在地理位置上的确独特，它为中原北方门户，有人讲它是中国的"龙眼"所在。它北依山险，南面平陆，南通江淮，北连大漠，称得上是"财货骈集，天险地利"，实为汴（开封）、洛（洛阳）、关中（西安）、江左（南京一带）皆不及也。元代在辽金的基础上建立大都，这是蒙古贵族认识到北京位于东西地势的交汇点上，又君临南方，进可以扼控全国，退可以依托故地漠北，遇到南方的攻击，可以在最短的时间内遁入北方故地，这是少数民族政权元朝选择北京作为都城的重要因素。

明代迁都北京，有极为充分的历史、文化、政治、军事、经济、个人情感等方面的原因。明代开国定都南京，赖以推动全国，是符合明代人定都原则的，但蒙古势力返回漠北，随时可以卷土重来，如不全力守卫边疆，可能出现北宋第二。北京的地缘位置属交通要冲，占住北京，就挟制了西北到东北、北方到南方的四条关口（这是四条生命线）。北京城外有太行山、军都山、燕山，地势高峻，明代人认为"以燕京而视中原，居高负险，有建瓴之势"（《读史方舆纪要》卷一〇《直隶方舆纪要》），"形胜甲天下，层山带河，有金汤之固，诚万古帝王之都"，足见其地理优势。

清朝建都北京，既是出于统治中原、雄霸九州的胸怀和眼光，也是出于退可出关的战略考虑。以多尔衮为首的清廷中的远见卓识者，认为要"以图进取"，必迁北京。皇太极迁都北京是要占据这个关口从而统一全国，"以建万年不拔之业"。1644年清朝大迁都，正式定都北京。

## 二、元明清京都的空间位移

元明清三代的都城从大的空间上来说，都是在北京，但不是前后完全重叠在一起的，特别是元代大都和明代北京，两者南北边界有所区别。明代的北京城是在元大都的基础上建立的，但明北京城的北部已经比元大都时缩小了许多，而南部却向南推进不少。明代放弃元大都的北城墙，向南收缩了五里，另筑新墙，即后来的德胜门和安定门东西一线；南部城墙则向南推移了二里，即后来的正阳门、宣武门、崇文门东西一线。明代不仅对元大都的南北边界做了修改，而且修筑了外城，就在原来的旧城址南。到了清代，其大体沿用了明代的北京城，没有很突出的改变。

为什么元大都靠北，而明北京城向南推移呢？这与元代蒙古族的大本营在漠北有一定关系。元代定都大都，既离自己的大本营漠北不甚远，又可以作为游牧民族向南统治农耕地区的一个支撑点。当明军兵临城下时，元军相率回到原来的游牧地区，并且在那里和明朝相抗衡，前后竟达两百多年。明代定都北京，是朱棣夺取政权后迁都的。朱棣起家于燕山，对北京更加熟悉，而最关键的考虑是北京有利的地理形势。但朱棣毕竟不是游牧民族，距离漠北太近对他是一种很大的威胁，而元大都作为较为成熟的都城又可以大力借鉴，所以就在元大都的基础上做了改变，但没有根本性的改变。清代取代明代后，由于北京城的都城建设更加成熟，再加上明代灭亡时，农民起义军和清军没有对都城进行大肆破坏。明末农民起义军进军至城下，太监曹化淳开漳义门，起义军因而顺利进入北京城，城内无所破坏。清军入关，更是长驱直入，北京城得以保存完好，为清朝定都北京奠定了良好基础。

明代时的都城除了北京以外，还有明初时的都城南京。朱元璋领导的农民起义军攻克集庆（金陵）后，改集庆路为应天府，作为统一全国的根据地。他称帝后，犹豫了很久才确定建都南京。我们知道，南京在孙吴，东晋，南朝宋、齐、梁、陈等王朝或政权时做过都城，有一定的都城建设基础，同时，南京北濒长江，号称天堑，"龙盘虎踞"山川险固，距离经济重心太湖流域又比较近，等等，这些因素使朱元璋最终决定选择南京作为都城。但是，北方边疆的防御忧患却是困扰朱元璋的一大问题，南京远离要防，不便于用兵，对北方的控制鞭长莫及。为此，朱元璋曾有过迁都的打算，他认为长安或洛阳都是不错的都城选择。明洪武二十四年（1391年），朱元璋特派皇太子朱标巡视西北及洛阳，实际上是考察其形势，为迁都做准备。不料朱标暴死，迁都之事也因此搁浅，朱元璋也没有等到迁都那一天就驾崩了。直到燕王朱棣夺取政权后才将迁都付诸实施，只不过都城迁往的地方是北京，而不是其父心仪的长安或洛阳。这当然有曾为燕王的朱棣自身的考虑，但主要是出于防御蒙古民族的军事方略。

纵观中国古代都城变迁，大致有以下几个特点：

第一，中国古代都城变迁从空间上而言是从西向东，由北向南，又由南折向北，最后稳定于北方。

第二，中国古代都城选址，尽可能使政治中心、军事中心和经济中心相一致，如果三者产生矛盾时，政治中心往往会选择接近军事中心的地方。

第三，全国政权统一时的都城往往是在北方，而分裂割据时期的都城往往是在南方。直到今天，我们的都城依然在北方的北京，因为我们是一个稳定统一的国家。

# 第三章
# 中国古都的重要考古发现

泱泱华夏,赫赫文明,见证盛世繁华,历经岁月洗礼的古城遗址,是考古学研究的重要内容。尤其是历代都城,在建筑规模、建筑形制和建筑风格上,都有其独到之处,往往表现了同时代最高的建筑水平,对全国其他城邑的建筑有特殊影响。因此可以说,各大古都的建筑沿革史,就是一部悠久的城市建筑史、辉煌的文化发展史。

通过解读夏代二里头遗址、商代殷墟遗址、西汉长安城遗址、隋唐洛阳城遗址、北宋东京城遗址、元大都遗址的重要考古发现,我们可以厘清中国古代都城发展演变的脉络,究明其背后语言文字、古代信仰、社会制度、城市布局及社会生活变迁的轨迹。

## 第一节 二里头：王都气派肇礼乐

二里头本是一个名不见经传的小村庄，但二里头遗址的重要考古发现，却揭示了这座夏代王都的平面布局、功能分区和礼乐肇始期的物质文明特点。在二里头文化发展与传播过程中，华夏国家完成了由多元向一体的转型，"中国"世界的雏形得以形成。

### 一、最早的中国

二里头村位于洛阳偃师西南约9公里处。1959年，考古工作者在这里发现了一处华夏王朝文明肇始期的大型都邑遗址。于是，三千多年前华夏民族的一段辉煌历史被揭开，二里头从此跻身于中华文明史乃至世界文明史的殿堂。

二里头遗址地处黄河中游洛阳盆地东部，北依邙山，南望嵩岳，古伊洛河从它的南面流过。盆地水足土厚，物产丰富，四通八达，有险可依，自古被认为是"天下之中"，历来是兵家必争之地，帝王建都之所。

地处中原腹地的二里头遗址，现存面积约300万平方米，实际面积还要大于此。经过半个多世纪的田野工作，这里发现了中国最早的城市主干道网，最早的宫城，最早的中轴线布局的宫殿建筑群，最早的封闭式官营手工业作坊区，最早的青铜礼乐器群、兵器群以及青铜器铸造作坊，最早的绿松石器作坊，最早的使用双轮车的证据等等。这样的规模和内涵在当时的东亚大陆都是独一无二的，可以说，这里是中国乃至东亚地区最早的具有明确城市规划的大型都邑。

据学者推算,二里头都邑兴盛期的人口至少应在 2 万人。与此形成鲜明对比的是,史前时期大型聚落的人口一般不超过 5000 人,与二里头同时期的普通聚落的人口一般不超过 1000 人。人口如此高度集中于中心聚落(都邑)及近畿地区,在东亚地区尚属首现。

整个二里头都邑已有明确的功能分区,分为中心区和一般居住活动区。中心区由宫殿区、围垣作坊区、祭祀活动区和若干贵族聚居区组成。宫殿区的面积不小于 12 万平方米,晚期筑有宫城,面积近 11 万平方米。这座始建于距今约 3600 多年前的宫城形制方正规整,它和它所圈围的大型宫殿建筑,构成整个都邑的核心。虽然它的面积仅是明清紫禁城的七分之一左右(紫禁城占地面积约 72 万平方米),但它却是后世中国古代宫城的鼻祖。在宫城内已确认了两组大型建筑基址群,它们分别以 1 号、2 号大型宫殿基址为核心纵向分布,都有明确的中轴线。这是迄今所知中国最早的中轴线规划的大型宫室建筑群。

《吕氏春秋·慎势篇》中有古代国家"择天下之中而立国,择国之中而立宫,择宫之中而立庙"的说法。看来,伴随着最早的"中国"王朝的崛起,这一理念在二里头时代已经出现。

## 二、华夏第一都

二里头遗址最大的 1 号宫殿基址总面积达 1 万平方米,主殿坐北朝南,殿前是平整宽阔、四周围以廊庑和围墙的庭院,面积约 5000 平方米,可以容纳数千人甚至上万人。一般认为,1 号宫殿应是统治者进行祭祀活动、发布政令的礼仪性建筑。

二里头大型宫殿建筑的布局结构,与西周时代青铜器铭文和《尚书·顾命》篇所提及的建筑结构基本一致。由考古发现与文献记载的相似性可知,西周时代成熟的礼仪制度应起源于此。而这套在象征统治者无上权威的雄伟宫殿中定期召集臣下，以强化从属关系的仪式，一直延续了三千多年，直到20世纪初叶清王朝覆灭。

有学者推测，面积巨大的1号宫殿基址，其夯土的土方总量可达2万立方米。仅就夯筑这一项计算，如果每人每天夯筑0.1立方米的话，共需要20万个劳动日。它的建筑工程应包括从设计、测量到下挖基槽、取土、运土、人工夯筑、垫石、筑墙到盖房等多种工序，再加上管理和后勤保障等多个环节，其所需劳动日当以数十万乃至百万计。

带有明确中轴线的建筑群格局，以及大型宫殿建筑的规模和结构，都显现出王都中枢特有的气势。宫室建筑上巨大的用工量，昭示着政治和宗教权力的高度集中。

在宫殿区外围，发现了纵横交错的都邑主干道网。已发现的四条大路垂直相交，宽阔平整。四条大路略呈井字形分布，显现出方正规矩的布局。这是迄今所知我国最早的城市道路网，它的布局与方位概念显现了二里头都邑极强的规划性，这是作为权力中心的"政治性城市"的显著特征。

中心区的道路网既是交通孔道，又起着分割城市功能区的作用。贵族聚居区位于宫城周围的道路外侧，中小型夯土建筑基址和贵族墓葬主要发现于这些区域。绿松石器制造作坊和铸铜作坊都位于宫殿区以南，目前已发现可能把它们圈围起来的夯土墙，这一有围墙圈护的作坊区应是二里头都邑的官营手工业区。祭祀活动区位于宫殿区以北和西北一带，这里集中分布着一些可能与宗教祭祀有关的建筑、墓葬和其他遗迹。就目前已经掌握的情况看，其东西连绵约二三百米。

上述种种，无处不显示出王都特有的气派。就目前的认识而言，延续了三千多年的中国古代王朝都城的营建规制，是发端于二里头遗址的。

"国之大事，在祀与戎"（《左传·成公十三年》），拥有祭祀特权与强大的军力，自古以来就是一个国家立于不败之地的根本。二里头都城规划中祭祀区的存在，以及祭祀礼仪用器，都与大型礼制建筑一样，是用来昭示早期王朝礼制传统的重要标志物。由于军事力量在立国上的重要性，青铜与玉石兵器也成为祭祀礼器和表现身份地位的仪仗用器的有机组成部分。

随着二里头文化在中原的崛起，这支唯一使用复杂的合范技术生产青铜容器（礼器）的先进文化成为跃入中国青铜时代的第一匹黑马。值得注意的是，这些青铜礼器只随葬于二里头都邑社会上层人群的墓葬中，在这个金字塔式的等级社会中，青铜礼器的使用成为处于塔尖的统治阶层身份地位的标志。这些最新问世的祭祀与宫廷礼仪用青铜酒器、乐器，仪仗用青铜武器以及传统的玉礼器，构成独具中国特色的青铜礼乐文明。

二里头文化的青铜器虽然其貌不扬，却开启了中国青铜时代的先河。可以说，如果没有作为"先祖"的二里头青铜器，也就没有殷墟妇好墓青铜器的洋洋大观和司母戊大方鼎的雄浑霸气，更没有其后中国青铜文明的鼎盛与辉煌。

二里头文化的玉器中，装饰品极少，大量的礼玉是用来表现贵族权威的。在二里头遗址，这些玉礼器与宫城、大型宫殿建筑群的出现大体同步，表明王权以及用以维持王权的宫廷礼仪已大体完备。

在二里头时代的东亚大陆，二里头文化的周围乃至更远的区域分布着若干各具特色的考古学文化。它们与二里头文化之间，存在着不同程度的联系与交流。这种联系与交流表现在两个方面。一方面，在二里头文化周围甚至边远地区的一些考古学文化中，经常见到二里头文化的因素；另一方面，在二里头文化中也包含着来自四面八方不同区域的文化因素。

值得注意的是，在这个双向交流的过程中，二里头文化对于其他文化的影响更大。这支高度发达的青铜文化，以其博大的胸怀兼收并蓄，汇集了中华大地早期文明的精粹，最终达到王朝文明的辉煌。它在内部高度发展的同时，又向四围发射出超越自然地理单元和文化屏障的强力冲击波。在这一过程中，华夏国家完成了由多元向一体的转型，"中国"世界的雏形得以形成。

在中国历史上,共有13个王朝在洛阳盆地建都,遗留下五大都邑遗址,分别是二里头遗址、偃师商城遗址、东周王城遗址、汉魏洛阳城遗址与隋唐洛阳城遗址。其中,最早的王朝都邑就是二里头遗址,因而它以"华夏第一都"闻名于世。

## 第二节 殷墟:三千年前是帝都

安阳殷墟的一系列重要考古发现,揭示了这座商代晚期都邑的平面布局、功能分区和甲骨文所体现的大量历史信息;同时,为汉字语言、古代信仰、社会制度以及若干重大历史事件留下了实物证据。

### 一、神秘殷墟

对于殷墟,郭沫若先生评价说:"洹水安阳名不虚,三千年前是帝都。"2006年在立陶宛召开的第30届世界遗产大会上,世界遗产委员会认为殷墟"具有突出的普遍的价值",做出了如下评价:"殷墟作为商王朝都邑,展现了包括文字系统在内的顶峰时期的中国古代青铜文化。殷墟的文化遗存提供了非同寻常的关于商代晚期文化传统的证据,包括丰富的科学发明与技术成就,例如建立在日相与月相观察上的天文历法、刻写在甲骨上的中国最早的书写文字。殷墟的宫殿宗庙遗址、王陵遗址留下了中国古代建筑的杰出范例,奠定了中国古代宫殿制度和陵园制度初期形态,具有重要意义。殷墟的考古发现,为汉字语言、古代信仰、社会制度以及若干重大历史事件留下了物质证据。"

殷墟原称"北蒙",是中国商朝后期都城遗址,位于河南省安阳市。据文献记载，距今三千多年前，中国历史上曾经存在过一个强大的商王朝，它延续了大约500年。公元前14世纪晚期，商王盘庚把都城迁至"殷"。殷是商朝晚期二百多年兴盛繁华的都邑，是全国政治和文化中心，规模不断发展。到商朝末代王帝辛，也就是人所周知的纣王的时候，他还在都城外很远的地方建造了离宫别馆。后来周武王伐纣，不久周成王时又平定三监之乱，战乱动荡使殷都沦为废墟。

殷都是一座宏伟的城市，因此在被毁弃以后，地面依然可见许多遗迹，可以存留相当长的时间，于是产生了"殷墟"这个名词。直到秦汉时期，人们仍然知道殷墟的位置。秦二世三年（公元前207年）七月，秦朝濒临覆灭，项羽率兵在今河北、河南交界地区打败秦军，秦将章邯请降，"项羽乃与期洹水南殷虚（墟）上"。《史记·项羽本纪》里的这句话明确记载了殷墟的位置，在大约两千年后起到指引作用，这是司马迁本人意想不到的。

岁月无情，殷墟终将湮没，这个词也逐渐被人们淡忘了。尽管那里偶尔还有古物出土，但也未能引起多少关注。

## 二、甲骨之光

在龟甲兽骨上面烧灼，看其痕迹形状以定吉凶的占卜方法，是中国古代特有的一种习俗，起源可以上溯到龙山时代。商代晚期，王室和贵族十分崇尚占卜，特别是将卜辞契刻在甲骨的表面，成为大家习称的甲骨文。当时是有书写文字的竹简木牍的，可是简牍很难保存，而龟甲兽骨能传之久远，带给后人文字信息，为历史的重现准备条件。

殷墟一跃而成为举世瞩目之地，原因就在于清末光绪二十五年（1899年）甲骨文的发现和鉴定。学者王懿荣任国子监祭酒，在药材龙骨中发现有字的甲骨。王懿荣判定甲骨为珍贵古物，随即通过古董商人购买到不少甲骨，然而为时不长，1900年八国联军进入北京，他就自杀殉国了。在这短短的一年

时间里,王懿荣对甲骨文的性质究竟了解多少,现已无从考知,而接续他收藏和研究甲骨的刘鹗,则肯定已经认识到这是商代的珍贵遗物了。他在1903年的《铁云藏龟》自序中清楚地称甲骨文为"殷人刀笔文字"。

古董商人为了垄断甲骨的来源,假说出自安阳邻近的汤阴,另外还有说卫辉的。因此,在甲骨文发现后差不多十年,还没有人联系到殷墟。揭穿这个谜团的是罗振玉。1908年,他从古董商人范某口中得知甲骨文的真实出土地之后,一再遣人赴当地收取了大量甲骨。1915年,他又亲自到小屯探查。

小屯村正是在洹水之南,如王国维在《说殷》一文中所论:

> 殷之为洹水南之殷虚,盖不待言。……《书》疏引汲冢古文云盘庚自奄迁于殷,在邺南三十里,束晳以《汉书·项羽传》(按《史记·项羽本纪》)之洹水南殷虚释之。今龟甲兽骨出土皆在此地,盖即盘庚以来殷之旧都。
>
> ——王国维《说殷》

殷墟就这样重新被发现了。

王国维是一位在多方面都有卓越成就的学者,他对甲骨文研究最重要的贡献是两篇文章,即《殷卜辞中所见先公先王考》和《殷卜辞中所见先公先王续考》。在文中,王国维以无可辩驳的材料,论证了《史记·殷本纪》的商王世系基本可信,只有个别地方需加以修正。这一工作的影响非常大,即使是对中国古史持极端怀疑态度的学者,也不能质疑商朝的历史存在。

而1928年开始的殷墟发掘,标志着中国现代考古学的起步。从1928年到抗日战争爆发的1937年,考古人员在殷墟进行了15次发掘。1950年,中国科学院考古研究所成立,马上恢复了殷墟的考古工作,发掘了著名的武官村大墓,从那时至今,发掘连续不断,成为我国工作时间最长的遗址。遗址的范围布局基本弄清,文化分期的体系也已建立,商代晚期王都的面貌逐渐从历史的迷雾中显现出来,成果大大超过前人的预期。

夏鼐1985年出版的《中国文明的起源》,从作为文明标志的都市、文字、青铜器等方面分析了殷墟,并且指出殷墟文化除了这三个文明的普遍特点之外,还有玉器、马车、制陶业的发展等特点。繁盛的都市、复杂的文字、精美的青铜器和玉器,显示出商朝文明发展的高度,展现了中国先民杰出的成就造诣。

甲骨文的发现距今已有一百多年,殷墟的考古发掘也已进行了九十年,也许人们会问:殷墟的工作是不是做得差不多了?然而,工作并没有结束,这只是一个开始,殷墟仍然有许许多多奥秘没有揭开,商朝历史的谜团还是没有穷尽,这些都在等待我们去探求。

长期以来,对于殷墟范围的估计是偏小的。在近年问世的《中国考古学·夏商卷》中说:"殷墟的范围……东西6公里,南北5公里,总面积近30平方公里。"

1999年,在大司空村以北,新发现了一座商代城址,称为洹北商城。洹北商城设计非常规整,其平面接近方形,面积有4.7平方公里,中部偏南有排列整齐的建筑基址,是宫殿一类的遗迹。城址只有西南一角与殷墟范围搭界,而其年代比殷墟稍早。根据已有材料,殷墟的主体内涵,结合甲骨文的研究,应只早到武丁时期,那么洹北商城是否为盘庚所迁的殷呢?如果真是这样,武丁为什么舍弃已兴建的城址,另到洹南开辟新的都邑呢?这一系列疑问,如发掘者所说,只有留待未来的发掘来回答了。无论如何,这涉及对殷墟的根本理解。

甲骨文的研究同样处于不断深入发展之中。郭沫若主编、胡厚宣总编辑的《甲骨文合集》,以及随后编纂的《甲骨文合集补编》,已将以往发现的甲骨文材料总汇在一起,为研究提供了前所未有的便利。在新出材料方面,建国初期,因为发掘地点的限制,甲骨很少出土。后来,特别是1973年小屯南地、1991年花园庄东地发掘所获的大量甲骨,对甲骨研究有着重要的促进作用。

殷墟的文化价值,首先在于它以沉睡地下数千年的实物资料,证实了曾零星见载于中国古代文献中的商王朝的存在,而且提供了有关商王朝的丰富

知识。

作为商王朝的都邑，殷墟的核心价值在于甲骨文。甲骨文是现代汉字的前身。殷墟出土的十余万片甲骨卜辞，内容涉及政治、经济、文化、天文、气象等各方面，是研究商代社会的珍贵资料。在人类历史长河中，包括埃及象形文字、两河流域楔形文字等在内的古老文字体系已不再使用，但甲骨文却将生命延续至今。不仅今天中国的十几亿人仍然使用汉字，汉字还对日、韩等国文化产生了根本性影响。殷墟已然成为全人类的共同财富。

## 第三节　长安：大风起兮云飞扬

楚汉战争胜利后，汉高祖定都长安。那么，长安城到底是什么样子呢？西汉长安城的重要考古发现揭示了这座都城的平面布局和功能分区特点，它主要由皇家宫室及其附属设施构成，突出表现了为帝王、贵族、官僚服务的性质，反映了中国早期都城的特点。

### 一、定鼎长安

公元前206年，在咸阳郊外的鸿门举行了中国历史上最有名的饭局——鸿门宴，项羽坐拥40万大军，刘邦身后10万大军，两支抗秦的队伍，本来按照约定，谁先攻破咸阳谁就做关中王；但是，这场宴席与酒量无关，而是性命攸关的实力比拼，一壶酒，满桌泪，刘邦提前退席涉险逃走，离开咸阳赴任汉中王。经历一路荒远秦岭，汉中的弹丸之地远远不是刘邦的志向，谋士萧何安慰道："汉中好啊，上有银河天汉辉映，下有汉水日夜流淌，天人之际的吉祥宝地,大王一定可以成就大业。"果然,一番韬光养晦,安邦定国,汉中名副其实成就了大汉荣光。可以想象,刘邦再次回到关中的无限感慨,所以,萧何在营建长安城的时候,城门壮丽无比,他对刘邦说道:"天子以四海为家,非壮丽无以重威。"当年屈辱的郊野鸿门,变成了汉朝的开国之门。

刘邦选择了地势较高的龙首原,扩建秦国的兴乐宫,改名为长乐宫,西侧建有未央宫。秦风逝去,汉风乍起!

如今,走上龙首原的高坡,南望唐代长安城的雄姿,明代的西安城墙蜿蜒在现代化的天际线上。向西北回看,汉代长安城如同卧在历史框架中的镜像,亮煌煌几页史书,乱纷纷万马逐鹿,在夕阳下的断垣残壁中,王气回荡:

大风起兮云飞扬,威加海内兮归故乡,安得猛士兮守四方!

——刘邦《大风歌》

当考古学家一层层剥开泥土,长安城轮廓初现;但是,历史的迷雾似乎并没有解开。作为汉朝的都城,长安与罗马齐名,构成亚欧大陆两端的世界都会。然而,本以为方方正正、气势壮阔的都会布局,却呈现出曲折错落的形态:西北折曲不断,西部宫殿不齐,南部的长乐、未央之间还凸出一段城墙,唯有东部的城墙相对整齐。难道《周礼·考工记》定下的规划思想,不过是纸上谈兵、图上画画而已?

匠人营国,方九里,旁三门。

——《周礼·考工记》

长安城的不规则形状引发了千年争论:一种说法是,基于渭河和龙首原之间地势的原因,长安城因山就势,呈现出不规则的形状;另一种说法是,长安城的城市设计模仿天象,称为"斗城"。专记秦、汉都城建设的古籍《三辅黄图》记载:

长安城南为南斗形,北为北斗形,至今人呼汉京城为斗城是也。

——《三辅黄图》

汉长安城每面有三个城门,四面共有十二个城门,每门三个门道,共探

第三章 中国古都的重要考古发现

出纵街九条,横街十条。街道均为三道并列,中间一条应为驰道,为皇帝专用。

徒观其城郭之制,则旁开三门,参涂夷庭,方轨十二,街衢相经。

——张衡《西京赋》

考古发现和曾在长安长期工作的大科学家、文学家张衡当年留下来的《西京赋》基本吻合,为我们逐渐揭开了西汉帝都神秘的面纱。

## 二、大汉三宫

刘邦将前朝的两组宫殿命名为长乐宫、未央宫,意思是永远的欢乐没有穷尽。长乐宫是刘邦接见群臣与朝会诸侯的政治活动中心,但从汉惠帝起,西汉皇帝移居未央宫听政,长乐宫仅供太后居住,从而形成了"人主皆居未央,而长乐常奉母后"的制度。王权与后权在长安城里此消彼长、互相制衡,对抗从未停止。在朝堂中的外戚势力日益强大,最后成为西汉消亡的主要原因之一。汉元帝皇后王政君的侄子王莽,从摄政到改元,导致大汉政权一分为二。考古学家刘庆柱先生在后宫与前朝之间,发现了规模巨大的地下通道,推断就是外戚及其朋党秘密干政的通道。

与长乐宫、未央宫齐名的还有汉武帝时修建的建章宫,位于长安宫城西郊,合称"汉三宫"。建章宫作为离宫,不仅规模巨大、建筑精美,而且是通神明之地。汉武帝慕仙好道,修建了神明台、太液池等。在建章宫前殿遗址中,出土有"与天无极""长乐未央""延年益寿""与天相待""日月同光"等建筑构件;神明台上有"仙人承露"的雕像,还设有九室,象征九天,据说在高入九天的神明台上可以和神仙为邻。附近的太液池中有三座小岛,象征蓬莱、方丈、瀛洲三座仙山,中国园林"一池三山"的格局由此起源。如今,千疮百孔的夯土台基,只留下拂晓风起、残月将落的汉家余韵。

汉长安城内工商业区集中在西北隅的横门大街两侧,据文献记载共有九市。这一带发现有许多钱范、陶俑,说明这里当年曾有作坊。居民区在城东北隅宣平门附近。文献记载，长安有闾里一百六十，"室居栉比，门巷修直"，汉平帝时，人口有 24.6 万余。实际考古勘查确认的居民区面积过于狭小，推测有些居民住在城外。

城西南一带有上林苑，内有离宫别馆数十处。其南面有昆明池等皇家宫苑，昆明池是为训练水军而开凿的，又可以解决长安城水源不足的问题。南郊则有明堂、辟雍、灵台和王莽九庙等礼制建筑。

汉长安城主要由皇家宫室及其附属设施构成，突出表现了为帝王、贵族、官僚服务的性质，反映了中国早期都城的特点。新莽以后，宫室、城门、武库先后被毁，其后历代虽有营造修饰，但未能恢复西汉盛况。

西汉虽然国力强盛，但仍然面临匈奴等部族的战争威胁。经过"文景之治"，雄才大略的汉武帝统治的汉帝国迎来最强盛的时代。汉武帝从来降的匈奴人口中得知，在敦煌、祁连一带居住着一个游牧民族——大月氏，与匈奴因战争结仇，于是派遣张骞出使西域，联合大月氏夹击匈奴。张骞不负使命，两次出使，但大月氏后来安居乐业，失去了复仇的愿望，张骞虽然没有完成联合夹击匈奴的军事目的，却开辟了中国通往西方的国际通道，史称"凿空"的伟大旅行至今令人震撼。

黄沙漫天，留不下脚印；光阴易逝，印不了痕迹；文字的流传，书在竹简，写在纸卷，供后代阅读；只有"凿空"的力量，横空出世般向世界宣言一个东方帝国的威力——武威的军事彰显，酒泉的美酒回味，敦煌的辉煌博大，如同张开的臂掖，将城镇定刻在四方之极。随着丝绸、玉石、茶叶等物资的流通，传经布道者把虔诚的信仰镌刻在崖壁洞窟，观自在，看世界，不需诵经，一眼千年。

张骞出使西域，使得天山南北与内地首次连成一体，促进了汉族和少数民族之间的文化交融，加强了中原和西域的政治、经济、文化联系，促进了西域社会经济文化的发展，也丰富了中原的物质文化生活。汉军在鄯善、车师等地屯田时使用地下相通的穿井术，习称"坎儿井"，在当地逐渐推广。

那时，大宛以西到安息国都不产丝，也不懂得铸铁器，后来汉朝的使臣和散兵把养蚕术和冶铁术传了过去。在西汉产品西传的同时，西域的土产，如苜蓿、葡萄、胡桃（核桃）、石榴、胡麻（芝麻）、胡豆（蚕豆）、胡瓜（黄瓜）、大蒜、胡萝卜等也逐渐在中原得到栽培，各种毛织品、毛皮、良马、骆驼、狮子、鸵鸟等也开始进入中原。龟兹的乐曲和胡琴等乐器，新疆的琵琶、箜篌等乐器，以及许多少数民族乐曲，逐渐传入内地，丰富了中原人民的文化生活，为汉朝音乐注入了新鲜血液。

今天的人们仍在汉长安城寻找张骞出发的起点，有人说他是从未央宫走出朝堂，也有人说他是从东市、西市带着充沛的物产启程；还有人说，他应该是从汉代长安城西北的横门出发……其实，这已经不重要，汉长安城作为丝绸之路的节点，已被张骞定格，瞬间永恒。

## 第四节　洛阳：若问古今兴废事

隋唐时期的洛阳是隋唐两朝的东都，同时也曾经成为隋炀帝和武则天时期实际的都城。隋唐洛阳城的重要考古发现，揭示了这座都城的平面布局和功能分区特点。它包含了丰富的文化内涵，是研究中国古代都城建制、城市布局、社会生活等方面的宝贵资料，在中国古代都城发展史上具有重要地位。

### 一、隋唐东都

隋唐洛阳城，是中国隋唐两代的东都城遗址，在河南省洛阳市区及近郊，南望龙门，北依邙山，东逾瀍水，西至涧河，洛水横贯其间。自1954年阎文儒先生首次对隋唐洛阳遗址进行考古勘察以来，考古工作者经过半个多世纪的工作，已基本确定了该城址的位置、规模、整体布局及主要文化内涵。

隋唐洛阳城营建于隋大业元年（605年），其规模仅次于都城大兴城。唐代略有增建。

这座城池是宇文恺设计建造的。宇文恺将隋唐洛阳城的规划设计与洛阳的山川地貌完美地结合在一起，真正达到了天人合一的规划理念。以洛水的流水比喻天上的天汉银河，把宫城看成天帝的"紫微宫"，架在洛水上的最大的桥与宫城南墙正门相连，叫"天津桥"。天津意思是天上疆界上的港口，在这儿停、发驶往银河的船："引洛水贯都，以象天汉（银河），横桥南渡（天津桥），以法牵牛。"而洛阳的定鼎门大街，是连接宫城正门和郭城正南门定鼎门的御道，宽110米。"天街"有天子之街的含义，对应于天上的"天街"星座。隋唐洛阳城的皇城中轴最南正对龙门伊阙，使宫城、皇城的正南门与龙门、伊阙相对，将宫城布置在都城地势最高的西北，象征居于天之中央的北极星，故而隋唐洛阳城宫城又被称为"紫微宫"。

隋唐洛阳城的构成主要包括郭城、宫城、皇城、东城、含嘉仓城、圆璧城、曜仪城、西苑和上阳宫等部分。

外郭城，平面近方形，西墙曲折。南、北、东三面共开八门，门址皆三个门道。南面正门是定鼎门。城内洛河以南有南北向街十二条、东西向街六条，洛河以北探出南北向街四条、东西向街三条。其中最著名的是定鼎门大街，又称天门街、天津街或天街，是南北主干道，现存长约3千米，宽约90~121米，路土厚达0.6米。城内街道组成里坊，据《唐六典》及《旧唐书》等文献记载并结合考古钻探的实际情况可知，总数为一百零九坊三市，即洛河南为八十一坊二市（西市、南市），洛河北为二十八坊一市（北市）。已勘查出洛河南的55个坊和洛河北的9个坊，其余各坊市为今城所压或被洛河冲毁。城内三市分别为北市（隋称通远市）、南市（隋称丰都市）和西市（隋称大同市）。

宫城位于外郭城的西北部，皇城以北，平面略呈东西向长方形。宫城墙

垣中间夯筑，内外砌砖，已经勘查出南墙正中的应天门（隋名则天门）、东边的明德门（隋名兴教门）、西边的长乐门（隋名光政门）和北墙的玄武门、西墙的嘉豫门等建筑基址。在宫城中轴线上，发现多处大片夯土殿址，西部已发掘出多处长方形基址和一处石砌圆形基址。应天门内右侧发现为营建宫室而设置的窑场，出土大批印字砖瓦。勘查探明了宫城东南侧自成一城的东宫以及北部的陶光园、中部偏北的徽猷殿、西北部的九州池，特别是宫城内武则天时期明堂遗址的发掘，是迄今洛阳隋唐东都城考古最重要的发现之一。它的发现为进一步弄清宫城内宫殿的布局，逐步复原宫城、皇城内的建筑，确立了准确标志。

皇城在宫城正南，平面呈东西向长方形。由于洛河北移，皇城东南部被冲毁，南墙仅存西段。已勘查出东墙的宣耀门、西墙的宣辉门和南墙西部的右掖门等门址。右掖门已发掘，为一门三道，每个门道宽6米，其上盖筑门楼，内有宽1.25米的车辙。皇城内发掘了隋代的子罗仓。

## 二、含嘉仓城

东城与含嘉仓城，位于宫城和皇城之东，含嘉仓城居北，东城居南。由于皇城面积狭小，无法设置更多的衙署，因而一些重要机构如尚书省、军器监、少府监、大理寺等均建在东城。东城平面呈南北向长方形，有三座城门，分别为承福门、宣仁门和含嘉门。其中宣仁门遗址、瓷器窖藏和官署建筑遗址都经过发掘。

含嘉仓城，隋代称为含嘉城，城内是当时中央政府设置的大型粮仓。西偏南与曜仪城、西偏北与圆璧城、正南与东城相接，东隔泄城渠与洛北里坊区相望。含嘉仓城平面呈南北向长方形，四面筑有夯土墙。仓城内密布着400座仓窖，东西成排，南北成行。发掘的粮窖中出有铭文砖，有唐代长寿、圣历等年号，记载着粮窖在仓城中的方位，储粮的品种、数量，粮食来源、入窖年月、运输和管理人员的官职和姓名。第 160 号窖还保存有约 25 万千克的炭化谷物。《通典·食货典》记载，唐天宝八年（749 年），全国各大型官仓的储粮数为一千二百六十五万六千六百二十石，含嘉仓纳粮五百八十三万三千四百石，几近全国储粮之半。杜甫诗颂开元盛世：

忆昔开元全盛日，小邑犹藏万家室。

稻米流脂粟米白，公私仓廪俱丰实。

——杜甫《忆昔》

含嘉仓储粮的丰富可见一斑。含嘉仓城的发掘，为研究隋唐时期大型官仓的仓储和管理制度，提供了重要的实物资料。

其他诸小城中，曜仪城在宫城之北，为狭长形；曜仪城以北是圆璧城，圆璧城的北墙即外郭城北墙西段。已勘查出这两座小城的断续城垣以及两城中部相通之门道和圆璧城北墙正中的龙光门。在皇城东侧发现有东城，城址为纵长方形。在宫城两侧还有面积较小的东西隔城。

西苑是隋唐洛阳城著名的皇家禁苑，隋代称会通苑，又名上林苑；唐武德初年改称芳华苑，武后时期又改称神都苑。因其位于东都宫城之西，文献习称为西苑。隋西苑规模宏大，极为豪华富丽。《隋书·食货志》记载："苑囿连接，北到新安，南及飞山，西至渑池，周围数百里。"《大业杂记》记载：西苑"周二百里。其内造十六院，屈曲周绕龙鳞渠……"，还"造山为海，周十余里，水深数丈"。隋西苑毁于战火，唐代又对其进行了大规模的重建，新建了许多离宫，园区范围大大缩小。

上阳宫，唐代大型宫殿建筑群，南临洛水，北连禁苑，地处洛阳皇城西南、西苑之东。上阳宫是唐高宗李治迁都洛阳时修建的，上元年间，唐高宗在此处理朝政。神龙元年（705 年），武则天被唐中宗逼迫退位，之后就一直居住在上阳宫。唐玄宗时，经常在上阳宫处理朝政和举行宴会。安史之乱时，上阳宫遭到严重破坏，此后逐渐荒废，唐德宗时废弃。唐朝诗人元稹有诗曰：

寥落古行宫，宫花寂寞红。

白头宫女在，闲坐说玄宗。

——元稹《行官》

上阳宫依据地形地势分布，气势雄伟，风景秀美，唐朝诗人王建有诗赞曰：

上阳花木不曾秋，洛水穿宫处处流。

画阁红楼宫女笑，玉箫金管路人愁。

——王建《上阳宫》

隋唐洛阳城见证了中国封建社会最辉煌的一段历史，包含丰富的文化内涵，是研究中国古代都城建制、城市布局、社会生活等方面的宝贵资料，在中国古代都城发展史上具有重要地位。隋唐洛阳城的平面布局、建筑形制不仅对中国后世影响深远，而且对东亚各国产生了重大的影响。

## 第五节 开封：千年奇观城摞城

开封城摞城，指考古学意义上的地层堆积和叠压关系。下面，我们就解读自下而上埋藏的魏大梁城、唐汴州城、北宋东京城、金汴京城、明开封城、清开封城六座城池，梳理开封城的发展演变脉络，探讨城摞城现象的格局、特点及形成原因。

### 一、八朝古都

开封是我国历史上一座著名的都城，素有"八朝古都"之称。夏，战国时期的魏，五代时期的后梁、后晋、后汉、后周，北宋和金代后期都曾建都于此。特别是在北宋时期，"人口逾百万，富丽甲天下"，成为名震四方的国际大都会，在中国古代都城发展史上起着承前启后的作用。

然而，在经历了两个多世纪的繁华岁月之后，古都开封一步步走完了其城市发展史中一段段令人神往的路程。由于时代变迁、王朝更替、战争破坏等原因，特别是金元之后，滔滔的黄河水一次次地将古代开封城淤没殆尽，深深淹埋在了地下。由于今天开封城下淤沙堆积厚、地下水位高，史学界公认其为"有古难觅"之地。长期以来，开封地下古城一直不见天日，沉睡不醒，成为千古之谜。但古城的历史一直铭刻在开封人民心中，开封民间也一直流传着"开封城，城摞城，地下埋有几座城"的谚语。开封城下城之谜成为一代又一代开封人内心深处难以割舍的梦。

1981年春天，开封市园林部门准备在龙亭大殿前的潘湖中间堆筑一个湖心岛，推土机在作业的过程中，在潘湖湖底意外地发现了许多残碎的砖瓦块，这一情况立刻引起了文物部门的高度重视。根据相关文献记载，今开封龙亭公园一带应是历代开封皇宫所在地。于是，经过文物部门的层层汇报和一系列准备之后，大规模的考古勘探、发掘工作开始了。考古发掘印证了文献记载，在潘湖底部的淤泥层下，发现了明代周王府遗址，而在周王府遗址之下，又直接叠压着金代和北宋时期的皇宫遗址。之后又经过了20余年的考古工作，基本搞清了开封历史上不同时期古城址的位置、城的基本结构和布局等，一步步揭开了开封城摞城的神秘面纱，受到了国内外学术界的密切关注。

为了不引起人们的误解，在这里有必要把"城摞城"的概念作一下解释。我们所谓的"城摞城"，指的是考古学意义上的地层堆积和叠压关系，换句通俗的话说，指的是开封历史上不同时期城址废墟中的"残垣断壁"按照时代由早到晚、地层自下而上一层一层地堆积在一起，中间还夹杂着不同时期的水患所形成的淤沙沉积层。

那么，在今天开封城区的地面以下，究竟埋有几座城呢？

## 二、六城叠压

大量考古勘探和发掘表明，开封城下共埋有六座城池，分别是战国时期的魏大梁城、唐汴州城、北宋东京城、金汴京城、明开封城和清开封城。

叠压在今开封城下最深处的是战国时期的魏都大梁城。大梁城不仅是开封城市史上第一个有明确记载的城市，也是开封城市史上第一个有史可考的国都。当年，魏惠王于惠王六年（公元前365年）将国都由安邑（今山西夏县）迁至开封，在此兴筑了大梁城。后经六代国君140年的苦心经营，大梁城发展成为了"人民车马往来，日夜不休"的名都大邑。然而不幸的是，在秦王政二十二年（公元前225年），秦派大将王贲攻魏，王贲率军围困大梁城攻不下，就引鸿沟之水灌大梁，大水围城三个月，最后城破魏亡，大梁城在滔滔黄水中化为废墟。根据考古结果，大梁城遗址距今地表深12—14米。

今开封城下自下而上摞着的第二座城是唐汴州城。隋唐时期，是开封城市史上又一个大发展时期，特别是大运河开通以后，位于运河要冲的汴州得此良机，很快发展为中原地区的一大军事重镇。唐汴州城遗址距今地表深10—12米。

今开封城下自下而上摞着的第三座城是北宋东京城。北宋东京城在后周时期东京城的基础上修筑而来，由外城、内城、皇城三重城垣构成，形成了层层套叠、壁垒森严的宏大气势。北宋东京城遗址距今地表深8—10米。

开封城下自下而上摞着的第四座城池为金代的汴京城，靖康元年（1126年）的宋金战争之后，北宋王朝轰然崩溃，南宋政权定都临安（今杭州），偏安江南，江淮以北的中原地区落入金人统治，其中金废帝（完颜亮）和金宣宗（完颜珣）曾短时期定都汴京（今河南开封）。金废帝在北宋皇宫的旧基上大肆营建宫室，史称金故宫或汴故宫；金宣宗则在汴京重新展筑了内城。金汴京城遗址距今地表深6—8米。

开封城下自下而上摞着的第五座城池是明代开封城。明初朱元璋曾封开封为北京，后又封他的第五子朱橚为周王，领地开封。周王在开封宋金故宫的基础上营建了规模宏大的周王府，周王府设萧墙和紫禁城两重城墙，其中萧墙由金汴京皇城改造而成，紫禁城则是在宋金故宫基址上改建而成。明开封城遗址距今地表深5—6米。

叠压在今开封城下最上面的一座城池为清代开封城。清代开封为河南省省会，是全省政治、经济和文化中心。道光二十一年（1841年），黄河在开封附近再次决口，大水围城八个月，开封城墙遭洪水冲刷再次破烂不堪，部分墙体被淤埋在泥沙之下。道光二十二年（1842年），清政府再次对开封城墙进行加高修葺，本次修葺之后的城墙就是今天人们所看到的开封城墙。

通过对开封城历代的古城址进行历史学和考古学考察，我们发现，如果和我国其他古都或古城相比，开封城下埋藏的古代城址明显具有以下几个方面的特点。

一是城摞城。纵观中国古代都城发展史，大部分的都城，虽然也历经数朝建都，但由于兵火战乱、城毁国亡等原因，后来大都抛开旧城，重新选择新址营建新的都城。如秦代都城咸阳，汉、唐长安城，汉魏、隋、唐洛阳城，明、清北京城等，这些历史上著名的都城，其遗址与今日的洛阳、西安、北京城等，并不在完全相同的位置上。如古都洛阳，其东周时期的王城，大致位于今洛阳城的西部；汉魏时期的洛阳城，位于今洛阳城东北约15公里处；隋唐时期的洛阳城，则大致位于今洛阳城偏南的地方。西安是周、秦、汉、唐的都城，其西周时期的城址，在今西安西南的沣河一带；秦都咸阳，在今西安西北的渭河一带；汉长安城址在今西安市的西北郊；后来到了隋大兴城、唐长安城时，才把都城建在了今西安的市区范围以内。而古都开封，虽历经兵灾水患，却是在原来的城址上屡淹屡建、屡毁屡建，历代城址的位置都没有发生很大的变化。特别是自唐汴州城至今，虽然经历了1200多年的风雨沧桑，但城的总体格局却没有发生任何变化，可谓沧桑巨变，格局依然，这在中国古代都

城发展史上是十分罕见的。

二是城套城。已经调查、勘探和发掘的六座城池，除了战国时期的魏大梁城位于今开封城略偏西北一带、局部与今开封城相重叠以外，其他各时期的古代城址，有的和今日开封城完全重叠，有的其城垣四壁和今开封城墙互相平行，从而形成了层层相叠、环环相套的局面。

三是门摞门。今开封城墙的东门和西门，分别叫作宋门、曹门和大梁门，其名称就是源自唐代的汴州城。另经考古调查和历史考证，其门址的位置较唐代也没有变化。另外，在今开封新街口一带的文物勘探中，还发现明代的午门遗址、金代的五门（承天门）遗址与北宋时期的宣德门遗址在同一位置叠压。不仅如此，最新的考古资料还证明，就连古代人们登城所使用的马道也在同一位置摞在了一起。2000年5月，在开封城墙西门北侧古马道遗址的发掘中，在同一地点发现有不同时期的三层古马道上下相叠，如同"叠罗汉"一般，为开封"城摞城""门摞门"现象的研究增添了确凿证据。

四是路摞路。北宋时期，由皇城的正南门宣德门，向南经内城的正南门朱雀门，再向南通往外城的正南门南熏门的大道，是整个东京城布局的南北中轴线，也称御街。经考证，这条中轴线，早在唐代汴州城时已基本形成，后经五代、北宋的发展，逐步完善，一直到金、元、明、清，其位置始终没有改变。近年来，在开封中山路南北一线的地面以下，分别勘探和发掘出了宣德门、午门、州桥、朱雀门、南熏门等一大批重要遗址，这就表明，自唐、宋以来，开封城饱受兵灾水患，不仅其总体格局没有发生明显变化，甚至其中轴线也丝毫未变，这在中国古代都城发展史上更是极为罕见。

在华夏几千年的历史长河中，许多璀璨夺目的文化古城得以形成，为什么唯独开封形成了"城摞城"现象呢？原因是多方面的，其中最重要的原因，是水患。

开封历史上的第一次特大水患可以追溯到战国时期。当年魏惠王迁都大梁后开凿的鸿沟，极大地促进了大梁城的繁荣，但同时也埋下了隐患。秦王政二十二年（公元前225年），秦派大将"王贲攻魏，引河沟灌大梁，大梁城坏"。文中的"河"指黄河，"沟"指鸿沟。这次水淹城毁的悲剧，直到汉代，史学家司马迁到开封实地勘察后，仍然用"屠大梁""大梁之墟"来形容。

之后开封历史上的重大水患也都和黄河有关。

"黄河之水天上来，奔流到海不复回"，这是唐代诗人李白的名句；"河底日隆堤日高，黄河竟是天上涛"，这是开封人对黄河的描述。历史上的开封与黄河有着割舍不断的关系，如果用一句话来概括，那就是"兴也黄河，衰也黄河"。

北宋以前，黄河流经今濮阳一带东流入海，距开封较远，对开封城的直接威胁不大。金元之后，黄河改道，逼近开封，才开始对开封城造成严重危害。据《祥符县志》和《开封黄河志》记载：从金大定二十年（1180年）到民国三十三年（1944年）的七百多年间，黄河在开封附近共决溢三百多次，开封城七次被淹。

明崇祯十五年（1642年）那次人为的特大水患，是开封城遭到的第二次"灭顶之灾"。明朝末年，李自成农民起义军三次攻打开封，城内官军殊死抵抗。崇祯十五年九月，城内官军为解开封之围，决黄河大堤，"以水代兵"，企图水淹义军。洪水先后冲破曹门、北门灌入，顿时全城覆没，"波中可见者，惟钟鼓两楼及各王府屋脊、相国寺顶、周王府紫禁城、上方寺铁塔而已"。洪水退后，高大的开封城墙几近淤平，只露出城垛和女儿墙，城内原有37.6万人口，幸存者仅3万余人。

开封城历史上的第三次特大水患，发生在清道光二十一年（1841年）。这一年的六月十六日（8月2日），黄河在开封附近的上汛堡决口，到了夜晚，大水进城，城内水深3—9尺不等。这次洪水围城长达八个月，洪水退后，开封城变为盆地，城内积水长期排不出去。今开封城内的包公湖、铁塔湖、龙亭湖等，大多形成于这一时期。

每次黄河洪水过后，都在地面上形成了厚厚的淤沙和黄泥，这样，便把

开封历史上的一座座城池深深地淤没在了地下,从而形成了"城下城""城摞城"的人文地理奇观。

那么,一次次水患把古代开封城变成了一片废墟,可后来的人们,为什么不另辟新址重建新城呢?

这其中有自然原因,也有人文因素。自然原因是古代开封具有的优越的地理环境、便利的交通条件,有利于早期开封城的形成和发展;但更重要的是人文因素,即古代开封人心中"得中原者得天下""夷门自古帝王州"的思想理念。

战国时期魏惠王就认为,开封优越的地理环境和极重要的战略地位,是谋求发展、建邦立业的理想家园,所以才把国都由安邑迁到了大梁。当时大梁地处天下中心,东可窥齐、南能攻楚、西利御秦,攻伐掠野,居中原而觊觎天下,四周皆可发展,正所谓"得中原者得天下",这直接确立了大梁的优势地位。鸿沟的开凿,使大梁成为"北据燕赵,南通江淮,水陆都会,形势富饶"之地,奠定了开封作为"王者之都"的历史地位,这才有了金代"琪树明霞五凤楼,夷门自古帝王州"的千古名句。

隋唐大运河开通之后,开封居运河要冲,"当天下之要,总舟车之繁,控河朔之咽喉,通淮湖之运漕",很快成为全国闻名的水陆大都会。为适应新形势需要,唐建中二年(781年),李勉扩建了汴州城。五代时期后梁、后晋、后汉、后周均在此定都,使开封的地位一路飙升。

北宋之所以定都开封,是和当时开封便利的漕运及丰富的水资源分不开的。北宋东京有汴河、蔡河、五丈河、金水河四条河流穿城而过,居"天下之枢""万国咸通"的有利地位。北宋人柴宗庆曾赞曰:"曾观大海难为水,除去梁园总是村。"后人在《祥符县志》中也用"汴京富丽天下无"来形容宋代开封的繁荣。开封"王者之都"的鼎盛,使"夷门自古帝王州"的传统思想理念得到进一步强化。

明代的开封,"五门六路,八省通衢",依然是交通便利的中原重镇。

周王府规模宏大，建造奢华，远在其他王府之上，有"天下藩封数汴中"之说。明开封城布局讲究，按《如梦录》所记："汴梁地脉，原自西来，故惟西门直通，余四门皆屈曲旋绕，恐走泄旺气也。"可见，当时开封城"王者之气"依然很重，因此，才发生了建文帝在开封"铲王气"这一著名历史故事。

清初，尽管经过明末特大洪水的洗劫，开封城已经破败到"黄沙白草，一望丘墟"的地步，但，当有人提出要把当时的省会由开封迁至许昌时，还是遭到了大多数人的反对。可见，人们心目中开封"王者之都""夷门自古帝王州"的理念早已根深蒂固，挥之不去。

正因如此，开封历史上一代代的先民们，才特别热爱自己脚下的这块热土。面对着一次次洪水退后的一片片废墟，他们一次次重建家园，一代代生生不息，才最终形成"城摞城"的天下奇观。著名的历史地理专家、中国古都学会会长朱士光教授曾评价开封城摞城："由于黄河多泥沙的独特水文特性，黄河流域有许多大大小小的城邑遭受了与开封城同样的命运，但开封是七朝古都，像它这样叠压的层次之多、规模之大，在中国五千年文明史上是绝无仅有的，在世界考古史和都城史上也是独一无二的。"

## 第六节　大都：大汗居处有斯城

蒙古族建立的元朝定都在大都，即今天的北京。元大都的重要考古发现，揭示了这座都城的平面布局和功能分区特点。由于元大都是经过周密规划后在一片平地上起建的，故而街道建筑整齐划一，井然有序，是当时世界上规模最大且具有最整齐规划的都城。

## 一、大汗居处

元大都,简称"大都",是元朝的首都,意为"大汗之居处"。1215年,蒙古军占领了金中都,繁华壮丽的中都城在战火中化为一片废墟。忽必烈即汗位后,即在燕京修建宫室,分立省部。1264年改燕京为中都,1272年改中都为大都,成为元朝的首都。元大都由刘秉忠规划建设,元大都城街道的布局,奠定了今日北京城市的基本格局。

对于元大都的考古研究是从20世纪30年代开始的,最初主要通过对文献和地面遗迹的汇拢、调查来研究元大都的平面布局。50年代,清华大学赵正之教授对元大都的城市规划作了全面研究,复原了街道系统和一些重要建筑。1964年至1974年,由著名考古学家徐苹芳先生领导的中国科学院考古研究所与北京市文物工作队共同组成的元大都考古队,对元大都进行了一系列踏勘、钻探、发掘,从城垣、宫殿、街道、居民建筑以及河湖水系等方面,进行了大量的研究、复原工作,并发掘出土了大批元代文物,可基本复原平面布局、主要建筑布局,为我们了解这座建造于七百多年前的著名城市提供了极为珍贵的材料。

忽必烈在营建大都时,避开了金中都废墟,而在其北面高粱河下游建立了一座全新的城市,是明清北京城的前身,包括今北京旧城区及以北。它坐北朝南,平面为南北长方形,南城墙位于今长安街稍偏南,北墙位于安定门小关与德胜门小关之间,东、西城墙则与明清北京城的东、西城墙相合。除北墙有两座城门之外,其余三面均各有三座城门。周长28千米,分外城、皇城、宫城三重城圈。皇城位于外城正中偏南处,宫城位于皇城中部偏东处。

皇城四周建红墙,又称"萧墙",其正门称棂星门,左右有千步廊。皇城南墙同于现北京城南墙,北墙在地安门,西墙在西华门,东墙外为漕运河道。皇城并非以大内宫城轴线为基准东西对称,而是以太液池为中心,四周布置三座宫殿——大内、隆福宫和兴圣宫，这种布局反映了蒙古人"逐水而居"的特点。宫城即为大内、紫禁城，大内正门为崇天门，北为厚载门，东为东华门，西为西华门，东、西墙即今故宫东、西墙。崇天门前有金水河，河上有周桥（相传为今北京故宫内之断虹桥）。大内正殿为大明殿，是元代皇帝理政和居住的场所，后有廊庑连接后殿。大明殿之后为延春阁，为皇后居所。此外还有玉德殿、鹰房、羊圈等建筑。

## 二、整齐划一

元大都街道规整，南北向为主干道，东西两侧等距离分布东西向小巷，属于街巷式布局。大街宽25米左右，小巷宽6—7米左右。中轴线为南门→厚载门→万宁寺，以宫城为主而非以城市为主。崇天门与棂星门间为千步廊，即朝会广场。这条中轴线为后来明清北京城中轴线所继承。

元大都新城规划最有特色之处是以水面为中心来确定城市的格局，这可能和蒙古游牧民族"逐水草而居"的传统习惯与深层意识有关。由于宫室采取了环水布置的办法，而新城的南侧又受到旧城的限制，城区大部分面积不得不向北推移。元大都新城中的商市分散在皇城四周的城区和城门口居民结集地带。其中东城区是衙署、贵族住宅集中地，商市较多，有东市、角市、文籍市、纸札市、靴市等，商市性质明显反映官员的需求。北城区因郭守敬开通通惠河，使海子（积水潭）成为南北大运河的终点码头，沿海子一带形成了繁荣的商业区。海子北岸的斜街更是热闹，各种歌台酒馆和生活必需品的商市汇集于此，如米市、面市、帽市、缎子市、皮帽市、金银珠宝市、铁器市、鹅鸭市等一应俱全。稍北的钟楼大街也很热闹，尤其引人注目的是在鼓楼附近还有一处全城最大的"穷汉市"，应是城市贫民出卖劳力的市场。西城区则有骆驼市、羊市、牛市、马市、驴骡市，牲口买卖集中于此，居民层次低于东城区。南城区即金中都旧城区，有南城市、蒸饼市、穷汉市，以

及新城前三门外关厢地带的车市、果市、菜市、草市、穷汉市等。由于前三门外是水陆交通的总汇，所以商市、居民密集，形成城乡接合部和新旧二城交接处的繁华地区。由此可见，元大都商市与居民区的分布，既有城市规划制约因素，也有城市生活及对外交通促成的自发因素。元大都城市建设上的另一个创举是在市中心设置高大的钟楼、鼓楼作为全城的报时机构。中国古代历来利用里门、市楼、谯楼或城楼击鼓报时，但在市中心单独建造钟楼、鼓楼，上设铜壶滴漏和鼓角报时则尚无先例。

城市靠近高粱河水系，为大都主要水源，加上积水潭（海子）、通惠渠共同构成城市供水系统。金水河、太液池组合专门解决宫城用水。排水系统有下水道、排水涵洞，大街两侧设置排水渠，为明渠，顶上无盖板，石条砌筑，与其他道路相交时以石板盖顶。涵洞底部进行地基处理，建筑质量高。

元朝末年政治黑暗，经济崩溃，阶级矛盾和民族矛盾日益激化，各地反元斗争此起彼伏，声浪日高。1358年，红巾起义军发动了大举进攻，其东路军一度兵临大都城郊，攻到离大都仅百余里的枣林（今通州南），朝廷上下一片惊慌。元顺帝慌忙命令在大都十一座城门外赶修瓮城，架造吊桥。所谓瓮城，就是在主城门外面增筑的与城墙相接、拱卫主城门的小城。

1969年拆除西直门箭楼时，在明代城墙下发现了元大都和义门瓮城城门。城门洞用砖券砌成，城墙上残留有1米多高的城楼残壁。城楼上设有砖砌的水池，有水管通向城门顶部，一旦遇到敌人火攻城门，即可放水灭火。由于元大都的瓮城是在紧急情况下仓促建造的，比较简陋，甚至连地基都没来得及做好，所用建筑材料的质量也很差。

元大都和义门瓮城在明代又继续使用了六十多年，洪武十四年（1381年）曾进行过整修，正统元年（1436年）重建京城各城门、瓮城时，元和义门瓮城城门才废弃，被包入西直门箭楼下的城墙内，形成城楼下面有城楼的奇观。又经过四百多年沧桑变迁，和义门瓮城城门被完全掩埋于地下，当我们发现时，当时的路面竟然已经高出城楼地面一大截。

此外，在后英房胡同还有一处大型住宅遗址，正房修有台基，前有轩廊，后有抱厦，规模大，规格高，出土有景德镇青花瓷、影青瓷、枢府瓷，龙泉窑、钧窑、磁州窑青花瓷，漆木器、端砚以及200余颗玛瑙围棋子，研究者推测此处可能为王府。雍和宫后"三合院"遗址，出土一件漆器，上写"内府公用"，根据出土石碑上的记载，此处可能为衙署。建华铁厂发现排房遗址应为专门供人租用的建筑。

由于元大都是经过周密规划后在一片平地上起建的，故而街道建筑整齐划一，井然有序。意大利旅行家马可·波罗在参观元大都后赞赏说："全城规划有如棋盘，其美善之极，未可言宣。"元大都在当时是世界上规模最大且具有最整齐规划的都城。

第三章 中国古都的重要考古发现

# 第四章
# 中国主要古都及其文化

　　北京、西安、洛阳、南京、开封、杭州、安阳、郑州、大同和成都是中国的主要古都,也有学者把它们统称为"十大古都"。这些古都既有悠久的历史,又有灿烂的文化,更有独特的魅力。一都一世界,一城一繁华,在历史的绵延中尽显博大、隽永、沧桑、厚重,以及雅致、神奇、大气、包容。本章我们就走进这些有代表性的古都,一起去领略一下它们千姿百态的文化特点。

# 第一节　和而不同话北京

首先,我们来一起走进北京这座古都。在我国220座左右的古都中,北京是唯一一座既是古代都城,又是现代首都的城市,这是北京独享的荣耀。历史上,北京曾经是元、明、清三个统一王朝,以及燕、金等割据政权和少数民族政权的都城,建都时间超过了900年。本节将通过解读北京农牧交会的区位因素及其经济特点,揭示北京和而不同的文化优势;通过讲述北京代表性景观、饮食、服装等文化元素,揭示北京和谐万邦的包容特色;通过梳理北京古今融通的文明成就,从总体上探讨北京城市的卓尔不群。

## 一、农业牧业交相会

在历史上,北京之所以成为古代的都城,在于它有一个显著的优势,即它正好位于我国农耕文明和游牧文明的交会之地。

大家知道,中华民族是一个由56个民族组成的大家庭。中华民族发展的过程,是以黄河中下游地区的中原农耕文明区域为核心,像滚雪球一样逐渐越滚越大的。到了今天,已经有56个民族,接近14亿人口。历史上,游牧民族主要生活在我国的北方和东北方草原地区。北京正好位于游牧民族和农耕民族交会这样一个区域,是农耕民族和游牧民族相互交流的主要通道。

以北京为分界,以北往往是游牧民族活动的地方,北京以南则是农耕文明活动的地方。而在游牧文明和农耕文明发展的过程中,谁也离不了谁。比如说,北方草原地区的游牧民族,以游牧为主,善于畜养马、牛、羊,多肉类、奶产品和毛皮。但他们往往缺乏一些最基本的生活用品,比如粮食、油料、衣料,还缺乏铁制农具。甚至在日常饮食中，很多家庭连铁锅都没有。有史料记载，明朝的时候，生活在蒙古草原的游牧骑兵经常突破长城防线，进入沿边的村镇，目的是什么？一方面强抢些粮食，另一个目的则是顺便抢走一些大铁锅。回去以后可以用铁锅来煮肉、做饭。为此，他们往往会付出生命的代价。这说明什么？说明游牧民族对农耕文明这个区域的产品是十分依赖的。

反过来，农耕文明区域也需要北方游牧地区的产品，比如马匹、牛羊、奶制品以及毛皮制品等。所以，农耕与游牧两大不同民族之间的交流和交往是彼此需要的、取长补短的、不可或缺的。其实，历史上，虽然游牧与农耕民族之间战争不断，但彼此之间的经济和贸易往来一直都没有真正断绝。当然，在这种背景下，处于经济和贸易往来枢纽地带的一些市镇就逐渐发展起来了。北京正好处在农耕文明和游牧文明商品和贸易集散和交会的地方，在这个地方长期居住和生活的既有游牧民族的人群，也有农耕民族的群体，他们在这个地方的交流会通就使这座城市既显得别致，又在不知不觉中逐渐繁荣发展起来。

到了一千多年以前的辽、金时期，北京这座城市就已经具备了一定的规模。契丹族建立的辽曾经把北京作为它的陪都南京，金朝曾经把北京作为中都。到元朝的时候，正式把国家的都城放在北京。所以，北京正式作为都城的朝代包括金朝的中都、元朝的大都、明朝中后期的都城、清朝的都城以及现代中华人民共和国的首都。把都城设到北京的好处也非常明显，突出表现在有利于吸纳农耕文明和游牧文明的双重成果。这样一个独特的区位和资源优势，也使北京这座城市逐渐孕育出非常鲜明和突出的文化特点。

北京城市的发展历史告诉我们，中华民族虽然说在历史上是以农耕为主的民族，但是，在农耕为主的基础上，与周边的游牧民族之间的交往从来没有停止过，这种交往在北京这座城市留下了深刻烙印。这种烙印，在一些经济活动、文化生活以及城市性格特点等方面，体现得都比较明显。所以，在北京成为都城的过程中，农耕和游牧交会的区位优势和经济优势，是首先需

要大家了解和认识的。

## 二、和而不同谐万邦

在农耕文明和游牧文明交会的背景下，北京这座城市的文化也形成了自己独特的优势和特色。这种文化，我们可以把它叫作"和而不同谐万邦"。为什么这么说呢？比如，大家到北京去旅游观光的时候，会发现北京有很多地方的街巷叫"胡同"，还有一些地方我们把它叫作"海"，比如说北海、中南海、什刹海。明明是湖泊，为什么叫"海"呢？其实，这跟当年蒙古族建立的元朝把都城放在北京是有直接关联的。

在蒙古语里，街巷称作"胡同"。同时，蒙古人把大的湖泊叫作"海"，或者说"海子"。建都北京后，他们把这种说法也带到了北京。所以，元朝的时候，蒙古人就把北京的街巷叫"胡同"，把大的湖泊称作"海"。清朝建都北京的时候也沿袭了这种称谓。这就是北京的胡同以及北海、中南海、什刹海的来历。

同时，北京这个地方的饮食也深受农牧两个民族饮食习惯的影响。所以，在北京，既有游牧民族比较喜欢的烧烤类的食品，比如现在我们大家喜欢吃的北京烤鸭；更有农耕民族喜欢吃的面食，以及油条、豆汁等。

另外，北京在作为都城的发展过程中，还形成了独特的居住形态——四合院。四合，也就是说东、西、南、北四个不同方向都有围墙，房舍是封闭的，合起来组成院落。为什么会这样呢？首先，这跟北京的气候有关。北京这个地区地处暖温带，冬天多刮北风或西北风，而四合院式建筑比较封闭，易于御寒。同时，四合院建筑往往会把门开到南边。这样，当暖湿的南风吹过来的时候，就可以直接吹到院子里，带来凉爽。其次，受到都城严格的封建礼教的影响，四合院房屋建筑呈现出长幼有序、和谐共处的特色。一般而言，四合院建筑的正北边的房屋属于正房，两边是厢房，南边门口可能还有个门房。正房要住老人、长辈，两边厢房住辈分比较低的人，南边门房住仆人，体现出长幼有序的特点。这和皇宫大内的建筑、居住规制十分相似。而在四合院里面，一个大家族往往能够代代相传、和谐共处地生活在一起。一般来说，日常生活中，每天早晨，厢房的晚辈都要照例去给正房的长辈问早安；吃饭的时候，也会集中到正房，围坐在老人的身边吃饭交流。老人不动筷子，晚辈是不能先吃的。四合院中间一般会留出个小院，这个小院也有作用，是家族成员晒太阳、种花、养草，一家人进行沟通和交流的好地方，体现出了北京这座城市和谐的另外一面。清朝的时候，有一种说法，说富贵人家四合院的院落是什么样的形态呢？"天棚鱼缸石榴树，先生肥狗胖丫头"。意思是说：富贵人家四合院的院落里有天棚、有鱼缸、有石榴树，天棚上面可能还会种一些葡萄；家里有先生、有肥狗，还有个胖丫头，说明家里比较富裕。而葡萄和石榴这些东西其实都是中华民族吸纳外来文明的一些植物品种，引入到中国，逐渐被中国人接受和继承。根据历史记载，葡萄和石榴都是西汉时期张骞通西域之后引进到中国的，后来就成了中国人特别是北京人的最爱。再到后来，甚至鸦片战争之后，西方的一些文明要素也进入中国，进入北京。这就是说，北京作为一个古都，是吸纳了外来的各种各样不同文化成果的。

所以，在北京的很多区域，都可以看到农耕文明与游牧文明、古代文明与现代文明、中华文明与西方文明交会融合的产物。只不过需要说明的是，北京在吸纳不同文明的时候，并不是一味地拿来，全盘地接受，而是经过了去粗取精、去伪存真，剔除其糟粕，存留其精华，最终使那些不同的外来文明成为北京城市文化的重要组成部分。这个过程就是孔子所说的"和而不同"。

以中国女性的传统服装旗袍为例来说。"旗"本来是满族的一个行政单位，什么"正红旗""正黄旗"等，"袍"是中国人古代的袍服。早期的旗袍本来是指入关前满族贵族女性喜欢穿的袍服。这种袍服借鉴了中原地区传统女性袍服的特点，并做了适当改造。其特点是，一般用丝绸或棉布做面料，下摆不开衩，往往要遮盖双脚；而且衣袖很长，遮住手臂。这种旗袍在清朝

第四章 中国主要古都及其文化

建都北京的时候，在北京很流行。到了近代，北京人依照旗人女性传统袍服的样式，借鉴西方服装的特色，发明了一种新的服装形式——旗袍。只不过和满族女性早期穿的旗袍不同的是，现代旗袍下摆开衩，袖口变短，露出双脚，面料也多用精美的丝绸，穿起来又舒服又大方，尽显东方女性的优雅和魅力。这应该说是北京在服装改革过程中弘扬"和而不同"文化的一种体现吧。

所以，经过长期的发展和衍变，最终在古都北京形成的文化既不是原汁原味的游牧文化，也不是原汁原味的农耕文化，也没有全盘接受西方文化。这使北京这座城市显得农牧结合、中西合璧，既和谐万邦，又和而不同。

### 三、古今融通相辉映

除了以上两个方面，北京这座城市还有一个特色，是我们大家需要关注的。是什么呢？"古今辉映"。古今辉映意味着什么？在所有我们提到的220座左右的古代都城里，北京是唯一一座延续到现代仍然是我国都城的一座城市。而它在发展的过程中，有一些历史的必然，也有一些偶然。必然是什么呢？它曾经是金朝、元朝、明朝和清朝的都城，作为古代都城有超过900年的时间，积淀了丰富的物质和文化基础。另外一个方面，就是北京作为古代都城的时候，没有受到非常大的破坏。特别是明成祖朱棣在迁都北京之后，修建了富丽堂皇的紫禁城，也就是留存到今天的北京故宫。

后来，清朝进占北京的时候，并没有在北京打仗。北京没有受到战争的摧残，明朝到清朝之间实现了和平过渡。到了近代，北京虽然在鸦片战争以后遭到了西方八国联军的蹂躏，他们火烧了圆明园，抢走了很多国宝，给中华民族留下了难以磨灭的痛苦记忆。但是，他们没有对北京城市的整体格局以及故宫造成大的破坏。

到了解放战争时期，特别是在平津战役过程中，毛泽东、朱德和周恩来等早期中国共产党领导人对中国悠久的历史和文化传统，特别是对北京这座古都都怀着深深的敬仰，不愿意用强攻的方式夺取北京。守卫北京的傅作义将军也深明大义，北京实现了和平解放，顺利回到了新中国人民的手里，成为中华人民共和国的都城。

为什么说北京从古代都城延续到现代首都也带有一定的偶然性呢？因为当全国解放以后，中华人民共和国的都城还可以有其他的考虑，比如说放在西安、放在洛阳、放在开封，甚至放在南京等地。把都城设在这些城市各有其优势和不足，但是，最终仍然放在了北京。所以，我们说北京是幸运的。在大多数古都城市都遭到了战争炮火摧残的情况下，北京这座城市仍然保存了明清以来比较好的古建筑、古遗址，特别是故宫完整地保留了下来。这些古建筑和古遗址使北京这座城市的文脉延续了下来，城市的传统延续了下来，使北京成为保存中国历史文化传统最丰富的一个地方，成为中华文明文脉连绵不断的地方。

大家还会发现，在大众旅游蓬勃发展的今天，我国有很多世界文化遗产。但是，细数一下，北京则是中国世界文化遗产最集中的地方，北京的故宫、长城、天坛、颐和园，北京的明清皇陵等都被列入《世界遗产名录》，成为中国人也是全世界珍贵的文化遗产项目。这种文化现象的形成不能不说与北京这座城市古今延续、一脉相承的历史发展脉络有直接关联。

当然，北京城市的发展史也充分说明，无论是古人，还是今人，对北京这个地方创造的文化都是非常珍视的。因为这种珍视、敬畏和悉心的呵护，才使北京这座城市保留下来众多的世界级文化遗产，使之成为中华民族众多古都里的代表，显得卓尔不群。到了现代，北京仍然传承着它"和而不同"的包容传统，来接纳世界各地的人们以及世界各地的文化，成为中华民族在新时代重新走向世界、走向崛起，实现"中国梦"的一个重要支点。

第四章 中国主要古都及其文化

## 第二节 丝路起点话西安

西安是中国建都时间最长、经历朝代最多、影响力最大的古都，成就了一番番盛世伟业，为后人留下了说不尽道不完的丰富文化遗产。那么，是什么因素使古代帝王如此迷恋西安？又是什么因素没有能够让那些建都西安的王朝千秋永固呢？

### 一、八百秦川育西安

中国历史悠久、文化灿烂，造就了二百余个具有深厚文化底蕴的古都，其中建都时间最长、经历朝代最多、影响力最大的当属长安（今天的西安）。西安建都时间有一千多年，曾经作为周、秦、汉、隋、唐等十三个王朝或政权的都城，成就了一番番历史盛世，为后人留下了说不尽道不完的丰富文化遗产。西汉和唐代堪称中国古代社会的盛世时期，它们都建都于长安。可以说，长安成就了汉唐，汉唐也造就了长安。

西安为什么能够在中国古代历史上有如此重要的地位？为什么有那么多帝王愿意选择西安作为都城呢？甚至在西汉王朝刚刚建立时，刘邦已经基本决定选择洛阳作为都城，却因为一位草根人物娄敬的建议，就将定都战略做了重大调整。有人说要不是当时娄敬的建议，西汉的都城可能就是洛阳了，再接下来的历史可能就要改写了。当然，历史没有假设，刘邦采纳娄敬的建议，从历史发展的宏观面上来看，这并不是偶然，而是八百里秦川的吸引和召唤，是都城建立要素中的重要因素——政治、军事和经济条件决定的。西安被其他王朝和政权选为都城原因也大抵如此吧。所以，谈古都西安，我们就从八百里秦川开始谈起。

"八百里秦川"指的是什么？如果从狭义上说，是指东西长约八百里的秦岭，而从宏观上来看，是指由八百里秦岭和其东面的崤山、西边的河西走廊、北面的北山山脉共同组成的关中平原或关中盆地。关中平原，这里有两个关键词，一个是关中，一个是平原。为什么称作关中呢？关，指关隘，是在山谷和河畔的险要地方设置的一些具有防御性质的关卡。关中地区关隘众多，可谓是中国古代关隘最集中的区域。这里有东面的函谷关、潼关和蒲津关，南面的子午关与武关，北面的萧关与金锁关，西边的大散关与陇关。所谓"关中"，就是在众多关隘之中的意思，特别是函谷关、大散关、武关、萧关四大关隘被称为"关中四大门户"。南面的武关是秦代通往楚国的咽喉，公元前209年，刘邦攻打秦国的时候就经过此关；向西的大散关紧紧扼住川陕交通要道，自古以来就是兵家必争之地；北面的萧关，因为易守难攻，有"长安咽喉，西凉襟带"之称；东面的函谷关为四关之首，是关中最大的门户，由秦开设于战国，北临黄河，南靠大山，东西通道在断裂的山石裂缝中行进百余里，奇险无比。战国时候苏秦合纵六国攻打秦国，就是在函谷关前惨败的；秦汉之交，刘邦进军关中，也不得不绕道前行。历代谋士对关中形势十分推重，汉代张良称其"被山带河，可进可退，四塞以为固，可谓金城千里"。险要的地势在古代战争中具有十分重要的作用，因而成为数代都城选址的重要因素之一。就是"关中"这个关键词，保障了西安强大的军事防御功能。

下面我们来看另一个关键词——平原，大家可能会问，在崇山峻岭之中、群山包围之下，能有多大的平原呢？如果平原面积过小，就不足以支撑其都城内外官民的粮食供应问题。大家不用着急，我们来看关中平原到底是怎样保障都城粮食供应问题的。西安所处的关中平原位于我国地势的第二阶梯——黄土高原的东南部，相较于中国的中部和东部而言，整体地势较高。但在这整体较高的地势中，渭河由西向东穿过群山环绕的盆地，形成了平坦辽阔的冲积平原，"黄壤千里，沃野弥望"，非常有利于庄稼耕种，这使关中平原

第四章 中国主要古都及其文化

有"天府""陆海"之称。同时，关中平原的水源十分丰富，有渭水、浐水、灞水、涝水、沣水、滈水、皂水、潏水等八条河流环绕其间，即所谓"八水绕长安"。水源充沛、土壤肥沃，为发展农业提供了天然的便利条件，也为满足西安都城内外官民的粮食需求问题奠定了基础。

所以，八百里秦川的雄关漫道、河丰土肥，吸引和召唤着中国古代前后十三个王朝和政权留足西安，成就辉煌，成为中华民族灿烂文化的重要组成部分。

八百里秦川孕育了西安，也成为中国对外交流的一个门户，世界著名的陆上丝绸之路就从长安出发，跨越亚欧非，使中国很早就走向了世界。

## 二、丝路起点亦长安

唐代诗人王维有一首诗这样写道：

渭城朝雨浥轻尘，客舍青青柳色新。

劝君更尽一杯酒，西出阳关无故人。

——王维《送元二使安西》

这首诗的名字叫《送元二使安西》，"安西"是唐中央设立的管辖西域地区的安西都护府的简称，治所在今天新疆的库车。渭城是秦朝都城咸阳故城（属于大西安的一部分），在唐长安城（明代以前，西安一直称作长安）西北渭水的北岸。阳关，是河西走廊尽头、敦煌以西的一个关隘，出了阳关就进入了西域。

从这首诗可以看出，长安是通往西域的起点，在对外政治、经济、文化交往方面发挥着重要作用。从长安通往西域的这条通道就是世界著名的"丝绸之路"，长安作为丝绸之路的起点为世界所公认。

"丝绸之路"一词，是德国地理学家李希霍芬在1877年提出的，他曾说：

从公元前114年到公元127年间，连接中国与河中（指中亚阿姆河与锡尔河之间）以及中国与印度，以丝绸之路贸易为媒介的西域交通路线。

——《中国——亲身旅行和据此所作研究的成果》卷一

李希霍芬提到的这个时间（公元前114年，即张骞第二次出使西域返回的第二年）及丝绸之路的开辟者，与中国一位伟大的外交家、探险家、旅行家有关。这个人的名字叫张骞。

大史学家司马迁在对张骞的一生进行评价时用了两个字"凿空"。用现代汉语解释，"凿空"的意思就是开通。凿空哪里？凿空西域。这就是我们大家比较熟知的中国历史上有名的"张骞出使西域"。

丝绸之路的路线即张骞出使西域的路线，以长安为起点，跨越陇山山脉，穿过河西走廊，通过玉门关和阳关，抵达新疆，沿绿洲和帕米尔高原通过中亚、西亚和北非，最终抵达非洲、欧洲。它也是一条东西方之间经济、政治、文化交流的主要道路。

丝绸之路之所以从汉武帝派遣张骞出使西域开始，这要从西汉与匈奴的关系谈起。

汉武帝时期，西汉已经经历了汉高祖、汉惠帝、汉文帝和汉景帝等六十余年的休养生息，变得国富民强。司马迁曾描述当时的盛况：

> 京师之钱累巨万，贯朽而不可校；太仓之粟陈陈相因，充溢露积于外，至腐败不可食。

——《史记·平准书》

这样的描述虽然有些夸张，但从一个侧面反映了当时西汉王朝经济上的富足。再看下一条：

> 众庶街巷有马，阡陌之间成群，而乘字牝者傧而不得聚会。

——《史记·平准书》

汉朝到处都是马，乘母马的人甚至受到排挤，不能参与聚会，这与汉初天子乘车都找不到颜色一样的四匹马的窘况已经是天壤之别了。在这样的盛

况下,汉武帝有理由给曾经羞辱过西汉王朝的匈奴以有力反击。

想当年,匈奴占据阴山,存灭汉之心。公元前200年,匈奴冒顿单于亲率40万骑兵进攻晋阳(今山西太原)。晋阳作为关中的门户,军事地位非常重要。于是,汉高祖冒雪亲率32万大军积极迎战。但汉高祖率领的主要是步兵,骑兵部队是少数,又由于战线拉得太长,最终,汉高祖率领的先头部队被匈奴骑兵包围于平城白登山(今山西大同东南),被困七日不得食。要不是汉高祖身边的谋臣陈平献计,用重金向单于皇后行贿,使冒顿网开一面,有意给汉高祖留出一条生路,汉高祖估计龙体难保。

更可气的是,汉高祖崩,冒顿单于竟调戏吕后,派使者下书道:"孤偾之君,生于沮泽之中,长于平野牛马之域,数至边境,愿游中国。陛下独立,孤偾独居。两主不乐,无以自虞,愿以所有,易其所无。"意思是说,听说你老公不在了,我很伤心啊。我和你老公做了一辈子对手,但也惺惺相惜,我们也是很好的朋友。你现在一个人寡居,我也不嫌你老,干脆咱俩和亲得了。这让一向好强的吕后恨得咬牙切齿,决定倾全国兵力与冒顿一决雌雄。身边的大臣连忙劝说:以高祖的英明贤武当年尚且被困在白登山,现在,咱们新君刚刚继位,政局不稳,还不是和冒顿较真的时候,来日方长。吕后听了,只好忍气吞声,迫于无奈,又下令选一位刘姓宗室女送给冒顿,以和亲缓解战争危机。后来,汉文帝、景帝时期仍然用和亲政策拖延着匈奴的野心。但匈奴还是以种种借口派骑兵不断侵扰汉朝北部边境,时刻威胁着都城长安的安全。

汉武帝继位以后,西汉国力已经获得了极大提升,于是便决定联合其他民族政权力量,打击匈奴。此时,有俘虏提供了一个消息:匈奴破月氏,杀其王,以其头做饮器,月氏远遁而去,为大月氏。汉武帝招募使者,想寻觅大月氏和乌孙,联合攻打匈奴。张骞就是在这样的历史背景下两次被派遣出使西域。第一次是在公元前138年(建元三年),出使的目的地是大月氏(今阿姆河中部,主要地区在今阿富汗境内);第二次是在公元前119年(元狩四年),出使的目的地是乌孙(今伊犁河与伊塞克湖一带)。两次出使西域虽然都没有完成联合大月氏和乌孙攻打匈奴的目的，但张骞将西域的情况详细汇报给了汉武帝，汉武帝认为可以借着打通的这条西域之路传播汉帝国的威德，从而遏制匈奴的嚣张气焰。他认为："诚得而以义属之，则广地万里，重九译，致殊俗，威德遍于四海。"于是，汉武帝在攻打匈奴的决策中增加了通西域的内容，至此，西汉帝国与西域诸国之间便发生了各种贸易往来，尤以输出自己的丝绸、瓷器等物品而惊艳天下。同时，西域的许多物产如石榴、葡萄、箜篌、琵琶等也通过这条通道传播到中国。这种贸易又在唐朝得到了继承和发展，成为世界历史上一条著名的经济、文化交流和互鉴之路。丝绸之路的开通和建设将西安与世界紧密联系起来，今天西安的许多历史遗址、遗迹无不在讲述着丝路繁华而生动的故事。

## 第三节　天下之中话洛阳

洛阳位于河南的中部，在古代的时候，洛阳还被认为是"天下之中"。借助于天下之中的区位特点、便捷的交通、发达的经济以及军事防御方面的优势，历史上有很多朝代都愿意在这里建都，建都时间超过了1400年。所以，洛阳又被称为"千年帝都"。本节主要通过对中庸之道、中原情节以及牡丹花城的介绍，揭示古都洛阳厚重的历史文化底蕴。

### 一、为人处世中庸道

古代洛阳和现代不一样，它管辖的范围包括了今天郑州的很多区域。比如，在古代很长一段时期里，嵩山都属于洛阳管辖的范围。在古代和现代中

中国古都文化

国的版图上,洛阳基本上都位于相对中心的区域,所以,被称为"天下之中"。因为这样的一个区位优势,洛阳受到了历代帝王的青睐。在帝王看来,这里地处天下之中,与东、西、南、北的距离基本相当,对于国家政令的传达、各种信息的交流,以及中央与地方之间的交通都比较方便。除了区位优势,洛阳还是黄河中下游地区农耕文明的发祥地,周边又拥有邙山、伊洛水等险要山河作为军事防御的屏障,所以,它相继成为东周、东汉,三国时期的魏,北魏、隋(炀帝)、唐(武则天),以及一些割据政权、农民起义政权的建都之地,并以历史上的"东都"名义与"西京"长安交相辉映,成为我国众多古都中为数不多的建都时间超过千年的帝都。长期作为都城为洛阳积淀了深厚的历史文化。其中,中国人惯常的处世方式——中庸之道就与这座城市有密切关联。

提起中庸之道,也许现在很多朋友觉得既熟悉又陌生。说熟悉是因为它很常用,就在我们的身边,已经变成了很多中国人为人处世的惯用方式。说陌生,是因为很多朋友并不清楚它是怎么产生的,它真实的意思到底是什么。其实,追溯起来,中庸之道还可以说是作为千年帝都的洛阳的文化遗产之一。

不同国家、不同民族行为处世的方式千差万别,它往往是人们价值取向的一种体现。中国人行为处世的方式有不同于西方社会的鲜明特色,而这种特色的形成往往与古都有密切关联。中国人有句俗话:上梁不正下梁歪!也就是说,上层文化对下层文化往往有着较大的影响。同样,在古代,帝王怎么行为处世,文人士大夫怎么行为处世,可能都会影响到老百姓怎么行为处世。在众多的价值观念里,中庸之道这种处世观念是怎么形成并影响中国人的呢?

宋代洛阳的大理学家程颐这样解释说:"中"就是不偏。或者说,不偏不倚就是"中"。"庸"是什么意思呢?是不变,或者说,以不变应万变。"中庸"二字合起来就是"不走极端"的意思。一般来说,我们中国人把"不走极端"的处世方式称为"中庸之道"。不过,这样一种处世方式,或者说价值观念、行为方式的形成却经历了一个相当长的过程。

大家知道，道家的始祖是老子，即李耳。他是河南鹿邑人，曾长期在东周的都城洛阳国家图书馆工作，职务是"守藏史"，也就是图书馆管理员。老子的思想博大精深，并保留在了他所著的《道德经》里面。在《道德经》里，老子针对人的观念和行为，提出一个带有辩证法意蕴的重要思想，就是"祸福相转"。他认为，生活中，"祸"和"福"是可以相互转化的。有时候，从表面看一些事情是福，但其中可能埋藏着祸；有时候，一些事情你乍一看是祸，但其中也不排除就蕴藏着福，祸福、长短、高下等互相矛盾的事物都处在不断变化的过程中。所以，要用发展的眼光看待一切事物，人的行为就不会走极端。老子的理论在当时和后代都对中国人的行为处世方式带来了很大影响。我国民间流传很广的"塞翁失马"的故事就很好地诠释了老子"祸福相转"的思想。

"塞翁失马"这个故事记载在《淮南子》里面。书的作者是西汉时期的刘安，他的思想深受老子思想的影响。"塞翁失马"讲的是一个什么故事呢？说在北部的边塞，居住着一户人家。家里有一位老翁，老翁有一个儿子，父子二人相依为命。他们家里并不富裕，但养了一匹母马。有一天，母马脱缰，跑到了北边草原地区，丢失了。邻居们得到这个消息之后，觉得老翁一定很伤心，就过来安慰老翁说："我们知道你们家的马丢了，请你不要伤心。"老翁听了这话，却坦然一笑，说了一句话："我不伤心，说不定这个事还是个好事呢！"邻居们听了，还以为老先生是不是因为丢了马，伤心过度，在说胡话。其实不然，过了几个月，老翁家的那匹母马果然回来了，而且还带回来几匹小马驹，一匹马变成了好几匹马。邻居们知道了这个消息后，又过来给老翁祝贺，却发现老翁脸上并没有笑容，反而说了一句令人不解的话："说不定这个事儿还是个坏事呢！"邻居们无言可答，都默默离开了。不久以后，果然好事就变成坏事了。怎么回事呢？老翁家的那匹马引回来的几匹马驹，都慢慢长大了。不过，这些马驹都带有北方游牧民族马的血统，既高大又强壮。有一天，老翁家的儿子试图骑上其中的一匹马驹。马驹不驯服，把他从马上掀到了地上，

中国古都文化

把一条腿摔断了。邻居们听说以后，又过来向老翁表示同情和慰问，可这位老翁却没有悲伤，反而对众人说："说不定这还是好事呢！"弄得大家哭笑不得。但过了一段时间，还真应验了老翁说的话。不久以后，国家和北方打仗，按照规定，村里面所有健康的男青年都要入伍当兵。而老翁家的儿子因为骨折，腿瘸了，得到了赦免。战争过后，参军打仗的绝大多数同村青年都牺牲在了疆场，而老翁家的儿子因为腿瘸，留在家里，幸免一死，从而能够和老人相伴一生。

在这个故事里，老人思考问题不偏激，不片面，就是"中"；同时，又秉持以不变应万变的思维倾向，形象、深刻地说明了老子祸福相转的道理。后来，孔子在创立儒家思想的过程中，也最大限度地吸纳了老子这种辩证思维的元素，逐渐发展成为一种儒、道结合的"中庸"思想，并成为《礼记》里的重要篇章。

到宋朝的时候，《中庸》和《大学》《论语》《孟子》一起称为"四书"，成为古时候士人学习的通用教材。"中庸"思想观念越来越深入人心，"中庸之道"逐渐成为中国人行为处世的重要方式。

其实，到了今天，仍然如此。很多中国人与别人相处的时候往往不走极端，不把事情做绝了。与此同时，保持一种平和的心态来对待人、对待事，辩证地看待问题，以一种长远的眼光来看待事物的发展和变化。"中庸之道"也成为中国文化区别于西方文化的重要表现形式之一。

不过，追根溯源，中庸之道的形成与老子工作过的古都洛阳是有直接关联的。所以，直到今天，如果大家有机会到河南，到洛阳旅游，就会发现河南人、洛阳人非常喜欢说"中"这个字——这事"中"、这个人真"中"等。这些都是"中庸之道"留给现代社会的文化记忆，也可以说是洛阳这座古都留给我们中国人的宝贵财富。

## 二、牡丹花城美画卷

牡丹花雍容华贵，备受中国人喜爱。宋代学者欧阳修曾赋诗说：

洛阳地脉花最宜，牡丹尤为天下奇。

我昔所记数十种，于今十年半忘之。

——欧阳修《洛阳牡丹图》

欧阳修认为，洛阳的地脉最适宜种花，其中，牡丹尤其奇特。他记得牡丹花的品种达到数十种，只不过写诗的时候大半品种的名字都忘了。洛阳从什么时候开始种植牡丹，没有明确的资料记载，但在唐宋时期，洛阳牡丹已经天下知名了。唐代诗人刘禹锡有一首诗说：

唯有牡丹真国色，花开时节动京城。

——刘禹锡《赏牡丹》

描述的就是牡丹花开时节，洛阳人争相出门欣赏牡丹的情景。所以，洛阳在唐宋时期就已经是全国知名的牡丹花城了。关于牡丹花与千年帝都洛阳的关联，至今还流传着一个跟女皇武则天有关的传说故事。

武则天是中国历史上唯一的女皇帝，在古代是一个女强人。她本是唐太宗的才人，唐高宗做了皇帝后，成了高宗的皇后。据历史记载，唐高宗晚年身体不太好，得了风眩病，一上朝两眼发昏、头脑发胀，甚至无法看清奏章、处理政务。在这样的背景下，作为高宗皇后的武则天就开始垂帘听政。有一年冬天，唐都长安大雪纷飞，万物凋零，但恰恰在这个时候，武则天异想天开地想看花。于是，她下了一道懿旨："皇宫御花园里面的所有花，要连夜给我开放，第二天我要看。如果不开，就要把你们贬出皇宫。""百花仙子"领命赶紧去御花园传达懿旨。第二天，武则天发现长安御花园里果然百花盛开，但只有牡丹花违逆她的旨意，没有开放。一怒之下，武则天就下旨把牡丹花贬到了东都洛阳。不过，出人意料的是，牡丹花在洛阳却得到了生长所需的

良好气候和土壤环境,在此扎下了根,成了洛阳人的骄傲。

当然,这只是一个民间传说,这个传说主要来源于武则天留下的一首诗:

明朝游上苑,火速报春知。

花须连夜发,莫待晓风吹。

——武则天《催花诗》

这首诗明丽欢快,又透着大气磅礴、君临天下的气魄,非常符合武则天的性格特点,应该说是一首好诗。而且,据历史记载,这首诗作于武则天在洛阳称帝、正式成为女皇帝的第二年。这个时候,洛阳的牡丹已经名满天下了。不过,有好事者却在这首诗的基础上不断演绎,于是,就有了以上那则故事。当然,这也无可厚非,故事的编造者也应该是出于善举,无非是想说明武则天与洛阳牡丹之间的密切关联而已。

武则天做女皇的时候,洛阳是她的都城,被称为神都。而且她把唐朝变成了周,叫大周。大周政权在洛阳建都有十五年时间,政治稳定,经济持续发展,人才辈出,延续了唐朝初期的大好局面。武则天特别喜欢牡丹花,而洛阳的土壤和气候又非常适合牡丹花的生长。所以,牡丹就成了洛阳这座千年帝都的一个标志,成了洛阳的市花,"洛阳牡丹甲天下"也成了人们的共识。

在中华人民共和国成立之后,曾经有一段时间,国家还打算把牡丹花作为我们的国花。为什么呢?牡丹雍容华贵,象征着吉祥如意、幸福美满,非常符合中国人的审美观念和家国情怀。不过,由于我国人民偏爱的花有很多,比如菊花、荷花、梅花等,所以,出现了不少争议,最终没有确定下来哪一种花是中国的国花。当然,相信大家和我一样,认可度比较高的,还是牡丹。

另外,在洛阳作为千年帝都时期,我国与中亚、南亚之间还展开了广泛的经济、文化交流。东汉时期修建的白马寺就是佛教通过陆上丝绸之路进入中国的一个标志,这是中国最早的寺院,被称为佛教的"祖庭"。北魏时期,孝文帝把都城从大同迁到洛阳,又在洛阳的龙门山大规模地开凿石窟寺,奠定了龙门石窟的基础。武则天建都洛阳时期,也大规模地开凿龙门石窟。据相关记载，奉先寺主佛卢舍那大佛就可能是武则天时期开凿的。据传说，卢舍那大佛的头像非常类似当年武则天的形象，可能就是仿照着武则天的长相开凿的。大家如果感兴趣，可以把武则天的老照片和现代卢舍那大佛的头像对照一下，看看这两者之间有没有相似之处。同时，据历史记载，卢舍那大佛的开凿的确得到了武则天的支持和帮助，甚至到最后的时候，因为大佛开凿花费很多，政府的财政支出不够，武则天拿出来自己的私房钱、脂粉钱来资助奉先寺卢舍那大佛的开凿。

### 三、中原情怀家国梦

作为千年帝都、牡丹花城，洛阳留下了丰富的物质和精神文化遗产，其中，中国文化中"中原情结"的形成就与洛阳息息相关。

什么是"中原情结"呢？大家知道，陆游是南宋时期的著名诗人，留下了很多优美的诗词篇章。在去世之前，他写了一首诗《示儿》：

死去元知万事空，但悲不见九州同。
王师北定中原日，家祭无忘告乃翁。

——陆游《示儿》

很多朋友对这首诗并不陌生。这首诗的写作背景是这样的，南宋建都在杭州，一直希望收复中原失地。但雷声大，雨点小，整个南宋时期都没有收复中原这块失地。陆游生活在南宋初期，他去世的时候，当然也没有看到南宋光复中原。而中原这个区域在中国人的心目中，却意义非凡。

大家知道，中原是中华文明的发祥地。特别是在古代，中原地区向来被看作是华夏文明的核心区域，是古都集中的区域，是中国人价值观念、行为规范、各种典章制度萌芽和定型的地方，在中国人心目中的重要性不言而喻。与此同时，中原地区的很多文化又传播到了外地，在传播的过程中，有大量的中原人口也到了别的地方。比如说，在汉高祖刘邦和项羽在中原地区进行

中国古都文化

楚汉混战时期,社会动荡不安,很多中原人就逃到了南方;在魏晋南北朝、隋末唐初、宋末元初、明末清初的时候,中原也是战乱不断,大量人口为了避难,向南逃亡。逃到南方后,中原人往往聚族而居,结成一个个新的族群,在那里生产和生活。而无论走到哪里,在很多中原人心目中,对于家乡的记忆和眷恋始终都没有改变。逐渐地,这种复杂的感情就沉淀为深厚的"中原情结",潜移默化地影响着中国人的思想和行为。

在强烈的"中原情结"思想的支配下,中原这块区域是不能丢失的,丢失了这块区域,就好像一个人没有了灵魂。一个国家、一个民族没有了灵魂,那不就失魂落魄了吗?

陆游是一个情怀满满的爱国诗人,心中的"中原情结"更加强烈。他一直企盼着宋朝廷能重新振作,收复中原。但到他去世时,也没有看到这种情形,当然留下了很大遗憾,这使陆游无限伤感。所以,他给儿子留下了《示儿》这首诗歌,表明自己的心迹,告诉他的儿子说:"我知道,人死去了万事都已成空,但我最痛心的就是没有能够看到九州重新统一。如果哪一天大宋朝廷的军队收复了中原,千万不要忘记在家祭的时候告诉我这个好消息,让我在九泉之下也能够瞑目。"

其实,类似陆游在《示儿》中表现的"中原情结"很常见,我们还可以举出很多例子。比如说,在我国的宝岛台湾就有这样一种说法:"陈林半天下,黄郑排满街。"什么意思呢?姓陈的、姓林的、姓黄的、姓郑的特别多。其实,这几个姓跟中原都有密切关系。

陈、林、黄、郑这几大姓绝大部分起源于以洛阳为中心的中原区域。这个区域既是中华文明的摇篮,也是中华姓氏的主要起源地。有人统计,在中国现在的一百个大姓里面,有70多个姓氏的起源地或主要源头都在河南。陈姓主要起源于河南淮阳,林姓的起源地在河南的卫辉和淇县,黄姓主要起源于河南潢川,郑姓主要起源于河南荥阳,都在中原这块区域。中原这几个大的姓氏怎么会到了东南,甚至到了台湾呢?主要是因为战争。

"得中原者得天下，失中原者失天下！"因为中原区位特殊、经济发达、人口众多，所以，谁控制了中原就几乎控制了天下。这就造成历史上中原地区战乱不断。战乱必然造成社会动荡、经济凋敝、民不聊生，所以，在战争前后，就会有大量人口向外逃亡。为什么中原人主要选择逃向东南，而没有向北方或西北方迁移呢？一是向东南逃亡水陆交通便利。特别是隋朝以后，开通了南北大运河，更便利了南北之间的来往。二是因为南方地域广阔，相对比较富庶。唐朝中期以后，长江流域的经济发展逐渐超过黄河流域，成为富庶的"鱼米之乡"，也是理想的迁徙之地。而中原人沿着大运河向东南方向迁移的时候，首先迁移到江浙一带；如果还觉得不安全，就翻山越岭来到福建；在福建还觉得不安全，就可能漂洋过海逃到海外。中原的陈、林、黄、郑本来就是大姓，人口众多。所以，在历次逃亡过程中，这几大姓氏外逃的人口也就比较多。这就是台湾的陈、林、黄、郑这几大姓氏非常多的原因所在。

人是文化的重要载体。在逃亡、迁徙的过程中，中原人到了哪里，中原的文化也就传播到哪里。在南方的一些区域，比如在安徽徽州，部分徽商的祖先就是中原人，所以，他们保留了耕读传家的传统。很多人虽然经商致富，但却教育后代子女既耕又读。也就是说，一方面要耕田，另一方面也要读书，走科举入仕的路子，体现了深厚的中原文化观念。再比如我们大家熟悉的客家人，他们的祖先就曾经生活在以洛阳为中心的河洛地区，所以，客家人把自己称作"河洛郎"。由于来自于河洛，逃难到了南方，所以，生活在今天福建南靖一带土楼里的客家人的建筑、风俗和生活方式，非常类似于洛阳地区。

另外，在今天福建的泉州，有一条河流叫晋江。在晋江上，有一座桥叫洛阳桥。在晋江市里，还有一个镇，就叫洛阳镇。洛阳桥、洛阳镇在福建晋江的出现使人觉得很奇诡，难道仅仅是与古都洛阳的名字巧合吗？其实不然。

西晋末年，都城洛阳爆发了"八王之乱"，政局动荡不安。很多中原大家族就向东南迁徙，有部分洛阳人翻山越岭逃到了福建晋江一带。他们都怀有深厚的"中原情结"，时刻不忘中原，所以，把南安江改名为晋江，把晋

江上修的桥叫作洛阳桥,把他们聚居的镇名为洛阳镇。他们在用这种方式告诫自己和后代子孙,他们是西晋时从洛阳来的,他们的祖根在中原地区。所以,现在河南在发展旅游的时候,提出来一句口号叫"老家河南,心灵故乡",再一次体现了"中原情结"的现代价值。

所以,作为千年帝都,洛阳区位优势明显、历史底蕴深厚、文化遗产丰富,再加上许多美丽的传说、雍容华贵的牡丹,使它成为众人仰慕的文化圣地。

## 第四节　龙盘虎踞话南京

南京是一座充满历史文化魅力的古都,素有"六朝古都""十朝都会"之称。南京约有2500年的建城史和450年的建都史,积淀了源远流长的"金陵"文化。婉约的秦淮河,潇洒的乌衣巷,印刻着古都南京的文化记忆,彰显着古都南京的独特风韵。

### 一、龙盘虎踞金陵都

我国著名文学家朱自清先生在一篇散文中描述了一个城市,他说逛这座城市"就像逛古董铺子,到处都有时代侵蚀的遗痕",你可以"想到六朝的兴废,王谢的风流,秦淮的艳迹"。这篇散文名为《南京》,所描绘的就是古都南京。

在历史上,南京有许多称呼,如"金陵""秣陵""建业""建康""江宁""应天""南京""天京"等。这些频繁更易的地名,从一个侧面反映了南京饱经沧桑的变迁历程,而在众多的名称当中,"金陵"是南京最早的称呼，也是最具传奇色彩的称呼。

说起"金陵"，许多人可能并不陌生，有人也许读过小说《金陵十三钗》，或者看过同名电影。那么，"金陵"这个名称是怎么来的呢？

有一种说法颇具传奇色彩，说金陵这个地方有"王气"。相传，历史上有帝王担心这里的王气太盛，就想办法去镇压这里的王气，在山顶上埋下了金石。于是，这个地方就叫作"金陵"。那么，这位帝王是谁呢？有人认为，他就是战国时期的楚威王。公元前333年，楚威王打败了越国，楚国就控制了今天南京这块地域。之后，在石头山也就是今天的清凉山上，筑造了城池，称之为"金陵邑"。或许，就是在这个时期，楚威王通过埋金来镇压王气。

另外一种说法认为，这个埋金的帝王是秦始皇。秦始皇不但埋金镇王气，还在山上立了一块石碑，上边写着："不在山前，不在山后，不在山南，不在山北，有人获得，富了一国。"（《景定建康志·辨金陵》）后人猜想，这可能是秦始皇的高明之处，也许他并没有在山上埋金，而是故意放出个假消息，引诱人们漫山遍野去"淘宝"，一旦人们挖来挖去，山中的"王气"就泄掉了。

那么，到底有没有人埋金镇王气呢？这个人究竟又是谁呢？由于历史久远，又缺乏确凿的证据，我们只能存疑了。而更值得我们注意的是这个问题的背后，它反映了一个风水观念的问题。

从风水的角度来看，南京确实是山川形胜。相传，在三国时期，诸葛亮在赤壁之战前夕出使孙吴，他观看南京这里的地势，不禁感叹："钟山龙盘，石头虎踞，此帝王之宅。"（《太平御览》引《吴录》）这里强调南京东部有钟山如龙盘一般，而西部有石头山如虎踞一般，这就是帝王建都的理想之地。此外，在南京的西部和北部还有长江天险。长江既是交通要道，又是供水之源，还是天然的军事屏障。南京既有山又有水，山水相抱构成了险阻，这就是"龙盘虎踞"的天然优势，这也注定了这里将会成为帝王建都的选择。

那么，是谁最早在这里建都呢？这个人就是东吴的孙权。东汉末年，南京当时叫作"秣陵"，这是从秦国开始有的称呼，因为秦始皇统一中国后，

第四章 中国主要古都及其文化

把当时的"金陵邑"改为"秣陵县"。从"金陵"到"秣陵",我们明显能够感觉到其中的贬低意味。

当孙权把政治中心转移到这里以后,可能觉得"秣陵"这个称呼不太好听,仿佛有一股"马料"的味道,于是就将其改为"建业",寓意着要建立一番功业。229年,孙权在"武昌"(今湖北鄂州)称帝,不久又迁都建业,这样建业就正式成为东吴的都城,从此掀开了南京帝都史的首页。

到了东吴后期,吴后主孙皓一度执意迁都武昌。在当时,迁都的想法遭到了举国上下的强烈反对。左丞相陆凯上疏劝阻,他引用了当时的一句民谣:"宁饮建业水,不食武昌鱼。"(《三国志·吴书·陆凯传》)从中不难看出,建业在当时人们心中的地位。

继东吴之后,东晋和南朝的宋、齐、梁、陈,先后在这里建都,所以,南京就有了"六朝古都"之称。虽然在不同的历史时期,南京有着不同的称呼,但"金陵"却始终印在人们的脑海中。似乎,人们更愿意用"金陵"去表达对这座古都的怀旧和赞美之情。例如,南齐有一位诗人叫谢朓,他曾经饱含激情地赞颂:"江南佳丽地,金陵帝王州。"(《入朝曲》)这一诗句被后人反复地吟诵,表达对金陵的赞美之情。

随着王朝的兴替,"金陵帝王州"的地位虽然发生了变化,但人们对金陵的文化情结却依旧浓厚。今天我们可以看到,以"金陵怀古"为题的诗词有数十首之多。例如,唐代诗人李白有《金陵三首》,在第一首诗中说"地即帝王宅,山为龙虎盘",在第二首诗中说"地拥金陵势,城回江水流",一再强调了金陵的山川形胜。然而,龙盘虎踞的帝王都在历史的长河中起伏跌宕,李白也不禁感慨:"六代兴亡国,三杯为尔歌。"

南京有"龙盘虎踞"的山川形胜,也有江南的富饶和秀丽,更有辉煌而悠久的帝都史。金陵不仅仅是南京的一个称呼,更是南京文化的突出体现。因而,金陵值得咏叹,金陵文化也值得传承和发扬。

## 二、十里秦淮历沧桑

如果说,"江南佳丽地,金陵帝王州"这一诗句反映了古都南京的兴盛,那么,接下来的这首诗则反映了南京的衰落。这就是唐代诗人杜牧的《泊秦淮》:"烟笼寒水月笼沙,夜泊秦淮近酒家。商女不知亡国恨,隔江犹唱后庭花。"

这里说的"商女"可不是商代的女子,更不是商人女子,而是指歌女。在唐代,歌伎通常被称为"秋娘"或"秋女",而"秋娘"或"秋女"往往又会被称为"商女"。在古代盛行阴阳五行观念,古人习惯把角、徵、宫、商、羽五音与春夏秋冬四季相配,其中商被认为是秋音。商音凄厉,而秋季又是肃杀之季,所以"商"在很多时候可以指代秋。这样"商女"便指"秋女",也就是"歌女"。

商女所唱的"后庭花"又是什么呢?"后庭花"本来是一种花名,这种花生长在江南,大多在庭院中栽培,所以称作"后庭花"。《后庭花》也称《玉树后庭花》,是用花来命名的乐府歌曲。

那么,秦淮河畔的歌女吟唱了这首《后庭花》,为什么就被视为"不知亡国恨"呢?这是有典故的,要从陈后主说起。陈后主名叫陈叔宝,是南朝陈国的末代君主。他在位期间不理朝政,沉湎于声色。陈后主有一个宠妃叫张丽华,她头发长七尺,黑发光亮照人。她不仅貌美端庄,还特别聪慧,因而深得陈后主的喜爱。传说,陈后主擅长音律,他亲自为爱妃张丽华创作了一曲《后庭花》。直到亡国前夕,陈叔宝还沉浸在《后庭花》的乐曲之中。所以,《后庭花》就成了靡靡之音和亡国之音。

那么,为什么秦淮河畔有歌女吟唱《后庭花》呢?这就要说说秦淮河的来历。秦淮河是南京城的一条重要的水系,传说这条河的开凿与秦始皇泄金陵王气有关,故而叫作秦淮河。从南朝开始,十里秦淮就成为名门望族的聚居地,许多名流巨富和文人墨客在这里聚会,于是这里就成了人文荟萃、附

第四章 中国主要古都及其文化

庸风雅的地方。这里既然是风流之地，或者说是风月之地，那就少不了歌女，也少不了奢靡。

秦淮河不但见证了陈后主的亡国，也见证了另外一位亡国之君，他与陈后主的命运非常相似，他就是南唐后主李煜。李煜也不是一个合格的皇帝，但他却是一个优秀的词人。他整日沉迷于吟诗填词，最终遭遇了丢江山的命运。最后，他只能用词来表达对故国的依恋：

春花秋月何时了，往事知多少？小楼昨夜又东风，故国不堪回首月明中。

雕栏玉砌应犹在，只是朱颜改。问君能有几多愁？恰似一江春水向东流。

——李煜《虞美人·春花秋月何时了》

王朝的变迁就如同一江春水向东流，留给人无限的遐想和哀思。

尽管王朝在变迁，但秦淮河却一直在流淌，两岸的繁华也是经常出现。到了明清时期，秦淮河商贾云集，英才汇聚，演绎了许多才子佳人的故事。在明末清初，这里出现了著名的"秦淮八艳"。"秦淮八艳"是指秦淮河畔的八位才艺名妓，有柳如是、董小宛、李香君、陈圆圆等，她们的命运与国家和民族的命运紧密地联系在一起。这段逝去不久的历史，曾经打动着许多人，其中就包括清代戏曲作家孔尚任。

孔尚任在《桃花扇》中描绘了秦淮河畔的景象："梨花似雪草如烟，春在秦淮两岸边。一带妆楼临水盖，家家粉影照婵娟。"秦淮河是风月之地，也是罹难之地。在《桃花扇》的故事中，明末文人侯方域与秦淮名妓李香君相识在秦淮河畔，但他们在政治斗争中被迫分离。李香君面对逼迫誓死不从，血溅定情的诗扇。南明灭亡后，几经波折，二人在南京栖霞山重逢。这个时候国已破，何以为家？他们撕毁了桃花扇，分别入道出家。这就是一部反映南明王朝兴亡的历史悲剧，可以说是秦淮河畔的千古绝唱。

在古都的风雨沧桑中，统治者有其不幸，才子佳人也有其不幸，平民百姓同样有其不幸。每一次王朝的内乱、政权的更迭、外族的入侵，都让南京遭受到巨大的伤痛。在 1842 年，英国侵略者的兵舰一直开到南京燕子矶附近的江面，清政府被侵略者的威胁吓倒，最终签订了我国近代史上的第一个不平等条约——中英《南京条约》。1937 年 12 月 13 日，日军占领南京城，大肆进行烧杀淫掠，制造了惨绝人寰的"南京大屠杀"，三十多万同胞无辜丧生，这不仅是南京的罹难，也是整个人类历史上的巨大灾难。有媒体曾将南京评为"中国最伤感的城市"，就是因为这里留下了太多的伤悲。

南京的秦淮河与长江水，不知见证了多少个生离死别的瞬间，也不知见证了多少个兴衰起伏的故事。厚重沧桑的历史构成了南京这座城市的底蕴，也成为南京文化中不可割舍的组成部分。

### 三、文化交融乌衣巷

在今天南京秦淮河的南岸，坐落着一条街巷。唐代诗人刘禹锡为它作诗："朱雀桥边野草花，乌衣巷口夕阳斜。旧时王谢堂前燕，飞入寻常百姓家。"（《乌衣巷》）这就是乌衣巷，它如同秦淮河一样，见证了古都南京的沧桑巨变，承载着历史深处的文化记忆。

乌衣巷从何而来呢？一种说法认为，东吴时期的禁军曾经驻扎在这里，军士们都身着乌衣，即黑色的衣服。如《三国志》载：

> 值岁凶旱，艾为区种，身披乌衣，手执耒耜，以率将士。
> 
> ——《三国志·魏书·邓艾传》

这里所说的"乌衣"是指军服。军士们着乌衣驻扎军营，于是军营就叫作"乌衣营"。《世说新语·雅量》刘孝标注引山谦之《丹阳记》载：

> 乌衣之起，吴时乌衣营处所也。江左初立，琅邪诸王所居。
> 
> ——《世说新语·雅量》

正是由于先有了乌衣营，才有了后来的"乌衣巷"。

还有一种说法认为,在东晋时期,王谢两大家族在这里聚居。王谢子弟喜欢穿着乌衣。巷子里穿乌衣的贵族子弟多了,这就有了"乌衣巷"的称呼。这后一种说法比较流行,尤其是在民间得以流传,这可能与王谢两家的名人效应有关。那么,王谢两家为什么会声名显赫呢?这要从西晋末年说起。

西晋末年,爆发了长达16年的"八王之乱",西晋的国力遭到严重的削弱。在永嘉年间(307—313年),由于中原战乱,北方大批人口迁到了江南地区,甚至出现了家族式的大迁移。据记载,"中州士女避乱江左者十六七"(《晋书·王导传》),历史上称之为"永嘉南渡"。

当时,有一个人叫作王导,他出身于山东的"琅邪王氏"。王导的曾祖父叫王祥,在《二十四孝》中有个"卧冰求鲤"的故事,说的就是他。王祥是西晋的重臣,而王导是东晋的重臣。王导很有政治眼光,他是琅琊王司马睿的支持者。在317年,王导团结江南的士族,辅佐司马睿在建康建立了东晋政权。

当时,民间有"王与马,共天下"(《晋书·王敦传》)的说法,可见王导的权势如日中天。在东晋以及后来的南朝,琅玡王氏一直是江南的"望族",这个家族不但出了很多皇后和宰相,还出了许多文化名人。

例如,王羲之就是文化名人之一。王羲之为人豁达文雅,才貌双全。他的岳父叫作郗鉴,是朝中的重臣。他知道王家有许多优秀青年,就派门生送信给王导,想在王家挑选女婿。王导很聪明,让这个门生自己去挑。王家子弟一听说选女婿,个个都仔细打扮了一番,竭力保持庄重。只有王羲之特殊,他在东床上露着肚皮看书,一副漠不关心的样子。门生回去汇报,郗鉴立即说:"正此好!"(《世说新语·雅量》)随后就把女儿嫁给了王羲之。这就是"东床快婿"的故事。

王羲之与王献之是父子,他们都是著名的书法家,在中国书法史上有"二王"之称。王羲之有"书圣"的美誉,他的代表作是著名的《兰亭序》。王羲之的书法功力深厚。传说当时皇帝要去祭祀,让王羲之把祝词写在木板上,墨迹印到了木板里面，刻字的木工把木板削了一层又一层，直到削了三分的深度。这就是成语"入木三分"的由来。

在乌衣巷里，不仅有"王家书法"的风采，也有"谢家诗"的风韵。这个谢家是指陈郡谢氏，也是一个大家族，以谢安和谢灵运为代表。谢安少年时隐居东山，以孔明自喻，广结天下名士。直到四十多岁时，谢安为了振兴家族才出来做官，官至宰相，成语"东山再起"说的就是他。谢安曾经指挥"淝水之战"，以八万精兵击败前秦的百万大军。当捷报传来时，他正在与人下棋。看完军书后面无表情，继续下棋。别人忍不住就问他，他淡淡地说："小儿辈遂已破贼。"（《晋书·谢安传》）可见他镇静自若，具有干大事业的气概。

在谢氏家族中，还出了一位中国山水诗派的鼻祖——谢灵运。谢灵运喜欢徒步登山。他发明了一种特制的木鞋，上山时去掉前齿，下山时去掉后齿，被后人称为"谢公屐"。李白有诗云："脚著谢公屐，身登青云梯。"（《梦游天姥吟留别》）李白还说"吾人咏歌，独惭康乐"（《春夜宴从弟桃花园序》）。"康乐"指的就是谢灵运，因为谢灵运袭封"康乐公"。李白是恃才傲物之人，但偏偏对谢灵运赞许有加。

谢灵运为人清狂，曾在饮酒时自叹：

> 天下才共一石，曹子建独得八斗，我得一斗，自古及今共分一斗。
>
> ——《南史·谢灵运传》

他把天下人的才华比作一石，一石也就是十斗。曹植因文才卓越而占了八斗，谢灵运占了一斗，天下其他人占一斗。可见，只有曹植才令谢灵运折服，其他有才华的人都不在他的眼里，这就是风采飞扬的谢灵运所特有的清高。

无论是琅琊王氏，还是陈郡谢氏，都是权倾朝野，文采风流，功业显著，他们是名副其实的显赫世家。其实，王谢大族原本不属于南京这块土地，他们都是从北方迁居而来的，同他们一样"衣冠南下"的北方人还有很多。正是南京这片土地包容了他们，使得他们在这里扎根，使得南北文化在这里交融发展。中原主流文化与南方文化融合，在此基础上形成了南京特有的文化，

第四章 中国主要古都及其文化

其特点是南北交汇，兼容并蓄，开放包容。可以说，历史上的南京不仅是江南的政治、经济和文化中心，更是中华文明的南北交会点。

一条乌衣巷的背后是大南京，而大南京的背后是大中华。乌衣巷是那个时代文化交融的见证，虽然那里的人和事已化作历史云烟，但乌衣巷经过刘禹锡的诗句广泛流传，古都南京的文化也在传承中不断向前发展。

## 第五节　千年梦华话开封

开封被称为"八朝古都"，而北宋在开封建都时间最长。那么，开封成为古代王朝定都之地的原因究竟在哪里？北宋开封的城市结构如何？千古名画《清明上河图》的背后又隐藏着什么不为后人所知的故事呢？

### 一、推倒坊墙的都市

我国古代的城市发展，曾经在很长一段时期沿袭坊（住宅区）与市（商业区）的分设制度，其中以唐代的长安城最为典型。唐长安城，城内住宅区被25条纵横大街分割成整齐的110个坊（另有108坊、109坊之说），每个坊的四周筑有高大的围墙，每日早晚，坊门定时启闭，商业区只有东市和西市，由官方集中管理，其他地方则严禁市场交易。这样的坊市结构城市，商品经济的活力自然受限。

自唐代汴河被圈入开封城以后，汴河对开封城的剧烈影响就开始了。随着时间推移，开封城内的汴河水门、岸边、桥头等处很快就成了市场贸易的闹市之区。后世学者从明李濂"水门向晚茶商闹，桥市通宵酒客行"、刘禹锡"四面诸侯瞻节制,八方通货溢河渠"等诗赋的描述中,均能发现当时商贸活动背后的运河因素。宋人释文莹《玉壶清话》对后周时期的东京城有以下记载:

> 淮浙巨商贸粮斛贾,万货临汴,无委泊之地,……(大臣周景还在东京城内汴河岸边,)起巨楼十二间……邀巨货于楼,山积波委,岁入数万计。
>
> ——宋·释文莹《玉壶清话》

北宋时期,东京城内汴河沿岸的商业气息更加浓郁,京城南半部汴河上的粮仓、码头、桥市、草市等比比皆是,《清明上河图》中重笔描绘的许多馆驿、茶楼、酒肆,也均沿汴河岸边徐徐展开。在汤鼎笔下,东京城内的桥市也较唐代更加喧闹,"桥头车马闹喧阗,桥下帆樯见画船。弦管隔花人似玉,楼台近水柳如烟"(汤鼎《云骥桥》)。《宋会要辑稿·食货志》描述东京城市场时还有"南河北市"一说,即东京城南部的市场多集中在汴河沿岸。后来,东京城还逐渐形成了"河桥上多是开铺贩鬻,妨碍会及人马车乘往来,兼损坏桥道"的局面,以至于政府不得不采取措施严加整顿,"诏在京诸河桥上,不得令百姓搭盖铺占栏,有妨车马过往"。东京城中因汴河而出现的河市,不仅打破了传统坊市的地域壁垒,而且还突破了古代城市对居民活动时间的限制,如位于东京城中心汴河岸边的州桥夜市:

> 自州桥南去,当街水饭、爊肉、干脯……直至龙津桥须脑子肉止,谓之杂嚼,直至三更。
>
> ——宋·孟元老《东京梦华录》

可见,在孟元老笔下,坊市制度下古代城市中的"宵禁"制度已不见踪影,北宋时期的东京开封,成为世界历史上一座著名的不夜城。

总之,唐、宋之际的开封,先是以运河桥市为中心,形成与市、河平行的商业街,并沿运河两岸而伸展,运河与平行的市街构成了城市新的成长轴线。随着"街市"的发展和坊巷中商业交易的开展,逐渐形成大街小巷的交通网,

第四章 中国主要古都及其文化

由此代替了过去的"里坊"结构。因此，在一定程度上，我们可以这样理解，隋、唐之际洛阳、西安城中那种封闭性的坊市结构体系，到了唐、五代和北宋时期的东京城中，被一条汴河逐渐给冲散了。

从汴河被圈入汴州城之日起，汴河的特质就直接限制了城内主要街道的走向，界定了部分重要城门的位置，从而影响了汴州城的结构布局和方向。

汴河是沟通南北的交通大动脉，非一般城市的景观河可比，唐代扩筑汴州城时，开始将汴河包罗城中，筑城时必然会受到汴河的制约。汴河两岸的街道要与运河平行，城的方向尤其是南北城墙的方向和运河方向一致，这样的布局结构才更加合理。此后，历代开封城或利用汴州城直接改造而成，或对其部分墙体向外拓展而成，或依此在其外围扩筑而成，可谓一脉相承，千年沿袭。近年来开封城和汴河故道的考古发现表明，唐汴州城之后的历代开封城都不是正方向，其南、北城墙方向约东偏南14°，这种走向与历史上开封城内汴河的走向是完全一致的，这就是汴河的力量。

如今，在开封城区内外的地面以上，人们再也看不到汴河的影子了，甚至生活在这座古城里的大多数人，恐怕也已经不知道唐宋时期的开封城曾经是一座典型的运河城市了。但是，汴河这条早已在历史上消逝的古老运河，却依然和开封城有着割舍不断的关系，在今天的开封地图上，汴河仍旧保留着自己的年代印记。如唐、宋时期的州桥遗址，仍深埋在今开封城正中心的中山路之下；州桥遗址两侧汴河故道附近的街道，仍然保持着唐汴州城时的位置和走向；甚至，今天开封城墙上的宋门、曹门和大梁门，其名称和位置也均源自唐汴州城。以上种种不是汴河但深受汴河影响的历史遗存，连缀起来，能够让后世的我们依稀窥见往日汴河的繁盛光影。

二、汴河造就的繁华

汴河，是一条与古都开封特别有渊源的河流。

春秋时期以前，汴河为天然河流，称"汳水"，《水经》载"汳水出阴沟于浚仪县（今开封城西北）北"。汴河，大致从今河南省开封城西北，向东南流经陈留、杞县东、商丘等地，到今徐州市东北汇入泗河。

战国时期，魏惠王将国都由安邑（今山西夏县）迁至大梁后，为加强与东部地区的联系，于公元前361年，下令开凿了开封城市史上第一条人工运河——鸿沟。《史记》载："荥阳下引河东南为鸿沟，以通宋、郑、陈、蔡、曹、卫，与济、汝、淮、泗会。"鸿沟向东接通当时的汳水，到徐州和泗水相汇，把黄河水系和淮河水系连接起来，使千里中原变成了水陆通道，促进了大梁和魏国的繁荣。从此，汴河便与开封的兴衰联系了起来。秦王政二十二年（公元前225年），秦派大将王贲率军攻魏，"引（黄）河（鸿）沟灌大梁"，大梁城在滔滔黄河水中化为废墟，开封进入了长期衰沉期。

隋炀帝继位后，开凿了举世闻名的大运河，北起涿郡（今北京），南达余杭（今杭州），全长4000余里，成为我国古代贯通南北的交通大动脉。大运河中段通济渠因为是利用古代汴水改造而来，也称汴渠，它西通河洛，南达江淮，是运河最主要的河段。开封在隋代又称汴州，坐落在汴河北岸，是隋王朝东西两都（洛阳、西安）沟通江淮的东大门。因为汴河的缘故，汴州很快成了南北物资的汇聚之地，驶入了城市发展的快车道。

唐初，通济渠更名广济渠，开封一带仍称汴河，系南来北往商旅漕船的必经之地，"汴水通淮利最多，生人为害亦相和。东南四十三州地，取尽脂膏是此河"。（《唐诗纪事》载李敬方诗）汴河日益成为大唐王朝的生命航线。唐代开封：

> 当天下之要，总舟车之繁，控河朔之咽喉，通淮湖之运漕。
>
> ——祝穆《事文类聚》

交通枢纽地位愈加凸显，城市日趋兴旺，被誉为大唐王朝的"王室藩屏"，是两京之外规模最大的城池。

唐德宗建中二年（781年），时任汴州刺史的李勉组织扩筑了汴州城，并

第四章 中国主要古都及其文化

把汴河圈入了开封城内，此举对开封的经济发展和商贸繁荣有划时代的意义，从此汴河和开封城的关系更加紧密了。唐代诗人王建在《汴州纪事》中曾这样写道：

> 天涯同此路，人语各殊方。
> 草市迎江货，津桥税海商。
>
> ——王建《汴州纪事》

诗中的"津桥"即指汴河上的州桥，位于当时汴州城的正中心，这首诗描写的正是州桥附近汴河两岸商业贸易的繁荣景象。

历数秦、汉、隋、唐等朝代，我国封建社会的都城选址，长期都在关中地区的西安和伊洛地区的洛阳之间徘徊。唐代"安史之乱"后，经济重心向江南转移，逐渐形成"军国费用，取资江淮""今天下以江淮为国命"的经济新局面。大运河沟通南北，西安、洛阳作为政治中心的优势地位，日益受到运河沿岸城市交通、经济优势地位的冲击。而地处运河要冲的汴州，借助自身的漕运枢纽地位，最终得以取代西安和洛阳，成为后续王朝——五代、北宋和金的定都之地。

正是汴河漕运的便利，决定了开封成为五代、北宋统治者择都的首选之地。自东南沿海至开封，皆一马平川，江南物资通过运河到开封相对方便，而自开封以西至洛阳、西安等地，地势渐趋丘陵和山区，海拔落差陡增，漕运船只西行需要穿山越岭、逆流而上，辗转而至，难度自然加大。《东京梦华录》记载，北宋时期以东京城内的相国寺桥为界，以东汴河上的桥梁皆如《清明上河图》所绘"虹桥"之制，形似飞虹，单孔无柱，可以通过大型舟船，而自相国寺桥以西如州桥等则均为平桥，"皆低平不通舟船，唯西河平船可过"，在开封城内的东西差别都如此巨大，整个漕运向西的运力自然大打折扣。正因如此，唐天佑四年（907年），朱温才选择在开封称帝建梁（史称后梁），使开封成为新形势下我国古代都城"东渐北移"的一个重要节点。后晋石敬瑭天福元年（936年）虽复选洛阳为都，但后经再三对比洛阳与开封两地利弊后，第二年便诏令迁都汴州，在迁都前后的两封诏书中，均强调"今夷门重地，梁苑雄藩，水陆交通，舟车必集""今汴州水陆要冲，山河形胜，乃万庾千箱之地，是四通八达之郊"，可见后晋迁都汴州的原因中，汴河因素仍居首位。后周时期的东京"华夷辐辏，水陆会通，时向隆平，日增繁盛"，世宗于显德三年（956年）重新规划、扩建了东京外城，为北宋在开封的定都奠定了坚实的基础。北宋时期"唯汴水横亘中国，首承大河，漕引江湖，利尽南海，半天下之财赋，并山泽之百货，悉由此路而进"，东京城之所以能成为"人口逾百万、富丽甲天下"的国际大都会，更是与汴河漕运密不可分。正如时人所谓："有食则京师可立，汴河废则大众不可聚，汴河之于京师，乃是建国之本，非可与区区沟洫水利同言也。……大众之命，惟汴河是赖。"（《续资治通鉴长编》）

### 三、梦回千年的画卷

时下流行穿越剧，中华五千年的文明史，读起来令人心潮澎湃，不禁让人想象，如果能梦回，你最想穿越到哪个朝代？在这个关于理想世界乐此不疲的追问下，出现最多的答案是宋朝。

宋朝最能给今人直观印象的，当然要数流传千年的画卷——《清明上河图》。《清明上河图》是宋徽宗时期宫廷画家张择端创作的市井风俗画，绢本设色，宽24.8厘米、长528.7厘米，现存北京故宫博物院。图画以长卷形式，采用散点透视构图法，生动地再现了北宋都城东京汴河沿岸及市区人们的生活风貌，具有很高的艺术水平和历史价值，是中国十大传世名画之一。

今天，就让我们一同走进《清明上河图》，梦回千年的北宋都城——开封。

展开画卷从右往左，我们首先来到的是东京城外东郊：大地回春，虽然高大的乔木还挺着突兀的枝干，但翠绿已经点缀了柳梢头，寒冬消融，河水淙淙，正是清明踏春时节。看，一队人马正风尘仆仆赶来，五头毛驴负着重物经过长途跋涉，在两名脚夫驱赶下，正走上桥头，已接近任务的完成；另一队人马也匆匆归来，一顶装饰着杨柳杂花的轿子正缓缓行进，乘轿的应是一位妇人，因为随后跟着一位骑马的男子，另有仆役挑着担子快步前行，其中一个挑夫挑着一担鱼肉，显然是"富贵有鱼（余）"的象征。这可能是一对新婚夫妇刚刚省亲后，带回的娘家祝福。

这边回归，那边却要出行。南边的两口子正骑着两头毛驴，雇用驮夫脚夫，挑着出行物品徐徐向东南方向走去。

郊外的农村是静谧的，树间有农家小院、石碾麦场、鸡鸭羊舍，耕牛在树下反刍，农夫在田间劳作，一派太平盛世下的田园景象。

随着陆地前行，前边因一条河开始热闹起来，这就是汴河了。河中停着漕运大船，岸边堆着刚刚到岸的货物，货主正在清点，工人正在卸货。在货物集散码头的风水宝地，一排排商铺依河展开。酒店开张，茶馆营业，算卦的先生，忙碌的店主，挑担的小贩，品茶的闲人，新的一天开始了。

再往里走就是码头主干道，两边店铺林立，车水马龙，生意围绕货运及来往客商展开。店铺中，客人正吃早饭，店主或忙或闲。此时最忙碌的是搬运工。细看，可见一条靠码头的船正在卸货，船舱里有人正在翻舱与上货，几个搬运工正把麻袋扛下船；还有一只装好货物的船正准备启航，但此时，货栈前面的船老大正要上船时，却巧遇一熟人，因为心里着急，来不及寒暄几句，便连忙抱拳行礼告辞，急于上船的心情昭然若揭。

顺河前行就来到了汴河漕运最繁忙的地带——虹桥段。横跨汴河的虹桥，是一座规模宏大的木质拱桥，结构精巧，形式优美，宛若飞虹。只见桥水湍急，船只首尾相接，往来不断，或纤夫牵拉，或船夫摇橹，有的满载货物，逆流而上。桥侧，有只大船正待过桥，船夫们有的用竹竿撑，有的用长竿钩住桥梁，还有的忙着放下桅杆、压低船头，邻船的人也指指点点、大声吆喝；桥上的人靠着栏杆，也都紧盯河面，为过船的紧张情景捏了一把汗。

虹桥之上更是一派繁忙景象，人、马、车川流不息，商贩抢占商机，饮食摊、杂货摊遍布两侧。这里可以说是名副其实的水陆交通会合点。

虹桥旁有一家规模宏大的酒楼，门前耸立"彩楼欢门"，巨大的灯箱上，书写"十千""脚店"广告，酒楼周围到处是旅店、茶坊、地摊，热闹非凡，让人误以为已经进入了繁华城区，其实到这里还没有进城呢。

再往前就是护城河了，护城桥上有几个书生模样的人正在观鱼，据说这是清明时节的游玩活动之一，有"上河"的寓意。

走进高大的城楼，才算真正进了城。东京城功能齐全，吃穿住用样样都有。大街两旁，屋宇鳞次栉比，有茶坊、酒肆、旅店、肉铺、庙宇、公廨等。酒楼不仅规模更大，"彩楼欢门"也更加华丽，店前灯箱书写"孙羊正店"四字，这才是实实在在的高档酒店，有自己的特色美酒和美食。正店周围有大型旅店"久住王员外家"，有香料铺"刘家上色沉檀拣香"，有绫罗绸缎店"锦匹帛铺"，还有名医诊所"赵太丞家"，等等。

以上，我们按照张择端在《清明上河图》中设计的行进路线走了半天，想必大家已经饥肠辘辘了，接下来，就让我们一起品味一下东京城的美食吧。东京城餐饮业发达，可谓美食福地、吃货天堂。"在京正店七十二户，此外不能遍数，其余皆谓之脚店。"（孟元老《东京梦华录》）其中"孙羊正店"是最豪华的大酒店之一，主楼有三层，里面有单间，也有散座，厨师能用熘、炒、烧、煮、炖、煎等多种厨艺做出各种美味，保您一饱口福。

酒足饭饱之后，还可以尽情地观看演出。城内演出最集中的场所要数"瓦子勾栏"，类似于今天的剧院。宋代解除了宵禁，夜生活丰富，各种演出形式丰富多样，常常是彻夜不绝。

在旅游观光和吃喝玩乐之中，不知不觉一天就过去了，天下没有不散的宴席，至此，我们走进千年画卷《清明上河图》的行程也该结束了。怎么样，大家体会到了穿越大宋、梦回千年的感觉了吗？

## 四、繁华背后的城防

沿着《清明上河图》的路线去东京城体验了一番，人们也许会提出这样的问题：为何东京城郊外的汴河沿岸，也会如此繁华？东京城防为何如此松弛，可自由出入？

我们先来回答第一个问题。

隋炀帝开通的大运河，汴河是其中枢地段，连通黄河和长江流域。宋王朝之所以定都开封，就是因为其漕运的有利位置，当时全国尤其是东南一带的物资通过汴河，可直接运达京城，汴河堪称是北宋王朝的交通大动脉。

> 岁漕江、淮、湖、浙米数百万，及至东南之产，百物众宝，不可胜计。又下西山之薪炭，以输京师之粟，以振河北之急，内外仰给焉。故于诸水，莫此为重。
>
> ——《宋史·河渠志》

北宋时期，通往京师的漕运船只，称作"纲船"，当时，往返于汴河上的纲船多达 6000 只，这些纲船常年穿梭在江淮至京师几千里的运输线上，昼夜不息。宋初，漕运纲船每年往返三次，后来由于京城粮食供应紧张，增加为每年四运，"遂立为永制"。漕船运来的不仅有粮食等大宗物资，还有果品、茶叶、布帛、花木奇石、珠宝翠玉、香料等，充实着京城巨大的消费市场。东京城内外的汴河沿岸，充斥着大大小小的货物集散地和市场，并由此派生了酒店、旅店等一系列服务行业。汴河两岸成为都城最繁华的地段。

宋朝曾规定："发运司岁发头运粮纲入汴，旧以清明日。"于是，每年清明时节，京城东南部汴河一带顿成闹区，汴河冬季停运时的萧条局面大为改观，市场也开始出现勃勃生机。汴河与漕运，漕运与清明，清明与汴河两岸的繁荣，就这样结下不解之缘，延续了百年以上。可以说，没有汴河就没有东京城的繁盛，没有汴河也就没有流传千古的《清明上河图》。

下面，我们再来探讨一下东京的城防问题。

《清明上河图》中的城门作为城、郊分界的标志，在画卷中占有重要的地位。在人们的印象中，城门作为城市出入的必经之地，为安全起见，应有守军把持，过往盘问，但《清明上河图》中的城门却不是这样，既看不到官兵把守，也看不到任何军事装备和城防设施，行人可以自由出入。于是，有学者认为，这反映了北宋末年城防懈怠、兵力涣散、国势日渐衰微的状况。

实际上，北宋王朝非常重视东京城的军事防御。开封位于华北大平原，周围一马平川，无险可守。因此，东京城设有三重城垣围护，并常年派重兵防守；另外，还不断完善城墙本身的军事防御设施。如神宗年间，"始四面为敌楼，作瓮城及浚治壕堑"（《汴京遗迹志》），"买木修置京城四御门及诸瓮城门，封筑团敌马面"（《宋会要辑稿》方域一）。敌楼、瓮城、马面等设施原来仅用于边防城堡，东京城加以全面采用，反映了北宋统治者对防御的重视。

可见，《清明上河图》中的城门并非写实，也许，当年此画作的目的，主要是反映东京城经贸的繁荣、人民的乐业，可看作是对宋代人身自由、商品经济发达的一个注解。

宋朝，户籍制度发生了很大变化，不再如唐朝那样将户籍分为"编户"和"非编户"，宋代取消了这一不平等现象，把全体国民统一纳入编户，称为编户齐民，可自由迁徙。这样，大量商人、佣工、流民涌入城市，官府把流动人口称为"浮客"，如果在一个地方住满一年就可取得当地户口。如曾布就曾上书宋神宗说：

> 古者乡田同井，人皆安土重迁，流之远方，无所资给，徒隶困辱，以至终身。近世之民，轻去乡土，转徙四方，固不为患。而居作一年，即听附籍，比于古亦轻矣。

——《宋史·刑法三》

中国古都文化

宋代的户籍制度打破了传统小农经济下身份固定、住地固定的社会秩序，大批从农业劳作中脱离出来的人们，加入到城市商业、手工业队伍，促进了商品经济的繁荣，工商业已取代农业成为主导行业。如哲宗时期，御史孙升曾上书说：

> 货殖百物，产于山泽田野，售之于城郭，……城郭乡村之民交相生养，城郭财有余则百货有所售，乡村力有余则百货无所乏，城郭富则国富矣。
>
> ——《续资治通鉴长编》

人员、物资的流动，带来了整个社会的富足，政府要顺应这种流动常态化，就没必要再设卡盘问堵截。这样，在和平年代的城门，守兵就失去了实际用途，《清明上河图》中，也就不再有所表现。

北宋之后，户籍制度又发生了逆回，如明代政府就把全国户口按照不同职业进行划分，并严禁农民弃耕从商，"市村绝不许有逸夫"，规定农民的活动范围仅限于户籍所在地一里之间，要"朝出暮入，作息之道互知"，如离乡百里，"即验文引"；商人外出经商，也必须有官府颁发的"路引"（类似于今天的介绍信），否则按游民处置，"重则杀身，轻则黥窜化外"；商人户籍所在地的邻里，也须知晓外出商人的归期，若两年不归，必须向官方报告。在明代仇英版《清明上河图》中，两个城门均有兵卒把守，城门外还竖有"固守城池""盘诘奸细"的警示牌。如此戒备森严，有人认为是明朝强烈忧患意识的体现，本人则认为，这也许是明代户籍制度苛刻的一个例证。

## 第六节　诗情画意话杭州

杭州是一座富有诗意的古都,经历了不平凡的城市变迁历程。南宋政权为何择都杭州?这背后又隐藏着哪些历史文化?透过一段杭州的历史,我们不仅看到这座城市的文化,也会看到中华文明深处的文化精神。

### 一、从"钱塘"到"临安"

唐代大诗人白居易有这样一首诗,描述了一处地域风光:"余杭形胜四方无,州傍青山县枕湖。绕郭荷花三十里,拂城松树一千株。"(《余杭形胜》)白居易的这首诗赞美了余杭也就是杭州的胜景,道出了这里山清水秀、得天独厚的地理条件。那么,杭州为什么叫"余杭"呢?杭州又是怎么成为古都的呢?

在先秦时期,杭州属于淮河南部的"扬州",当时长江以南的广阔地域均泛称"扬州"。相传夏禹南巡,大会诸侯于会稽山(今浙江绍兴),曾在此舍杭登陆,"杭"就是"方舟"的意思。大禹舍下方舟而登陆,空余方舟在这里,于是,这里就被称为"余杭"了。还有一种说法,夏禹造舟用来渡江,越人称呼此地为"禹杭"。此后,口耳相传,把"禹"说成了"余",于是,"禹杭"就成了"余杭"。

秦国灭掉六国以后,在武林山麓(今灵隐山)设县治,称"钱唐",属会稽郡。据《史记·秦始皇本纪》记载:公元前210年,秦始皇巡视东南,"至钱唐,临浙江,水波恶,乃西百二十里,从狭中渡"。这是关于"钱唐"之

中国古都文化

名的最早记载。到了汉代,汉承秦制,仍设钱唐,当时已有"明圣湖"之名,又称"武林水"。《隋书·地理志》有"平陈置杭州"的记载,因此"杭州"之名产生于隋朝。隋炀帝大业初年(605年),改为"余杭郡"。到了唐代,仍然设置有杭州郡,不久又改为余杭郡,治所在钱唐。为了避讳国号"唐",武德四年(621年)改"钱唐"为"钱塘"。隋唐以后,杭州成为一座兼有山水之美的东南名城。

在唐末和五代时期,中原地区战乱频繁。东南地区的吴越国政权(907—978年),建都"杭州",却维持了百余年的相对和平。吴越王钱镠在建都杭州前后,对杭州进行了大规模的建设。《舆地纪胜》载:"广杭州城,大修台馆,由是钱塘富庶,盛于东南。"在这一时期,杭州发展成为全国经济繁荣和文化荟萃之地。

太平兴国三年(978年),钱镠之孙钱俶纳土归宋,杭州遂未经兵火,成为两浙路治所。经过北宋的经营,杭州成为江南地区丝织业、酿酒业的中心。咸平二年(999年)又设杭州市舶司,开放成外贸港口。至北宋末年,杭州人口达20余万户,商税17万余贯,成为全国商税缴纳最多的州城。嘉祐四年(1059年),欧阳修作《有美堂记》,其中有这样的描述:"若乃四方之所聚,百货之所交,物盛人众,为一都会,而又能兼有山水之美,以资富贵之娱者,惟金陵、钱塘。"这里指出了杭州在江南的地位。

南宋高宗建炎三年(1129年)七月,杭州升为临安府。绍兴八年(1138年)三月,定都于临安府,不称京师,"以临安府为行在所"(《乾道临安志》),管理九个县。高宗改杭州名为"临安",意为临时图宫室之安。德国学者迪特·库恩曾说:"这个名称反映了宋朝希望有一天能收复华北失地,重返开封京城。"名义上仍以东京开封府为京师,以示"恢复之志"。从某种程度上说,这是南宋人的"北宋梦"。正如宋史专家程民生先生所论:"临安对东京文明的认同,意味着对北宋朝廷的认同;临安对东京文明的效仿,则又反映了其善于学习、吸收的精神。"

南宋人有个"北宋梦",杭州人有个"开封梦",这是爱国之梦,也是文化之梦。

## 二、千里南渡定国都

经过北宋150多年的发展,到了南宋时期,杭州迎来了鼎盛期,这是因为南宋定都于此。然而,南宋定都杭州并非一帆风顺,而是历经曲折。北宋靖康二年(1127年)正月,金兵攻入汴梁(今河南开封),废徽宗、钦宗二帝。四月,北宋灭亡。

在这次浩劫中,只有宋徽宗第九个儿子赵构因外出而幸免于难。之后,赵构在宗泽等北宋旧臣的拥戴下,于当时的南京应天府(今河南商丘)登基称帝,改元建炎(1127—1130年),史称南宋,而赵构也就成为后来的宋高宗。

在南宋初建的四年中,由于金兵步步进逼、宋军节节败退,南宋不得不屡次迁移,成为一个流亡中的政权。在南迁过程中,朝臣纷纷议论迁都何处为宜的问题,大多数人主张移都到东南的建康,少数人要求迁都杭州。最终,南宋选择了杭州作为都城,当时称为临安。南宋以杭州为都,长达140年之久,期间从未变更。那么,为什么南宋要在杭州定都呢?其实在南宋定都的问题上,曾发生了多次迁都之争。

关于迁都之事,在建炎年间,高宗与大臣一起商讨迁都事宜,争论激烈者就有三次。第一次商议迁都是在建炎元年(1127年)七月,此时南宋政权刚刚在建康立足。首先,抗战派李纲提出"并建三都"的设想。"三都",即西安、襄阳和建康。据《建炎以来系年要录》记载,李纲说:"天下形势,关中为上,襄、邓次之,建康又次之。今宜以长安为西都,襄阳为南都,建康为东都,各命守臣,葺城池、治宫室、积糗粮,以备巡幸。"他认为"并建三都"的好处有:"一则藉巡幸之名,使国势不失于太弱,二则不置定都,使敌国无所窥伺,三则四方望幸,使奸雄无所觊觎。"所以,他认为"三都

成而天下之势安矣"。当时,还有一部分人主张归师东京,以名将宗泽、岳飞为代表,建议高宗率军北返,一鼓作气收复中原。面对金兵的铁蹄和残破的东京城,对于那些急于想安定的帝王和群臣,这一建议显然并非他们所愿。

可是,因高宗举棋不定,这次议论没有结果。然而,军事上溃败,敌人又兵临城下,在这种情况下,高宗急忙下诏说:"巡幸东南为避敌之计。"(《建炎以来系年要录》)战争的形势为高宗作了决定。卫尉少卿卫肤敏、中书舍人刘钰等一些大臣,进一步阐述了定都建康的有利条件。经过君臣的议论商讨,认为迁都建康可行:首先,建康是六朝故都、东南要地;其次,东南久安,财力富盛,具有雄厚的经济基础;第三,凭险长江,有利于军事上的固守。就这样,迁都建康从商议变成了定论。于是,赵构仅在商丘待了五个月,便开始了逃亡的政权生涯。

到了建炎元年(1127年)十月,赵构一行到达江南名城扬州。原想暂作休整,再渡江"巡幸",刚过一年多,令赵构意想不到的是金兵又至。于是,建炎三年(1129年)二月,赵构仓促过江,狼狈逃往扬州对岸的镇江,又退至杭州。这时,他预感到镇江、建康等地濒临大江,离前线太近,还不安全,就在镇江召集文武近臣再度商议下一步计划。赵构问群臣:我们是留在这儿呢,还是去杭州呢?面对金兵的形势,为了稳住军心、民心,宰相吕颐浩以头磕地,哀求皇帝说:陛下暂时留一留吧,留在这里作为江北军民的声援。不然,金兵顺势渡江,那就更加狼狈了。(《建炎以来系年要录》)群臣都没什么意见,唯独大将军王渊有异议,提出去杭州的主张。这个建议虽然没有得到多少支持,但正合了赵构的心意,于是他当即决定:直接去杭州。赵构甚是急迫,宰相朱胜非在会间离席片刻,等他回来,赵构便告诉他,我们刚刚定好了,就去杭州,并告诉他留守镇江处置后事。(《续资治通鉴》)

赵构一行途经平江府(今江苏苏州),召卫肤敏征求意见,卫肤敏本不同意,但是看皇帝脸色不对,就换了说法。意思是:现在我们暂时在杭州之地,以后再谋算建康之地。卫肤敏表示尊重赵构的"圣裁"。卫肤敏的缓兵之策,实为附议的论调，安抚了群臣，支持了皇帝。这是第二次商量迁都的事宜。商量好了，正准备落实，不料三月初，由于臣僚不满赵构一味逃跑和宠幸宦官，而发生了苗傅及刘正彦的兵变，要求诛杀宦官，让赵构禅位。于是，赵构"颁诏"立即迁都建康，表示志在抗金。

然而，战局的进展十分不利于宋，宋军继续溃退，建康朝不保夕。在这四面楚歌的危急形势下，赵构第三次召集随驾百官与诸统制共商"巡幸"之事。这次讨论迁都，与以往两次不同：首先，战局进一步严重，使群臣比较冷静地考虑主客观的可能性；其次，赵构接受兵变教训，虽有"御裁"也多让大家分析利弊。讨论一开始，赵构先提出三种方案，要大臣们抉择。大臣们各执一词，最后迫于"建都金陵"的呼声最高，赵构只好决定暂留建康。但是，形势越来越严重，建康危若累卵。赵构心神不宁自不待言，百官群僚中希望迁都杭州的人也越来越多。尚书考功郎楼炤上奏高宗：

> 今日之计，当思古人量力之言，察兵家知己之计。力可以保淮南，则以淮南为屏蔽，权都建康，渐图恢复；力未可以保淮南，则因长江为险阻，权都吴会，以养国力。

——《宋史·楼炤传》

此言正中高宗下怀。于是赵构下决心，先以杭州为行在所，升杭州为临安府，准备移跸迁都。可是，金兵铁蹄已至江南，尾追不舍。高宗只得一路逃难，由越州（今浙江绍兴）而至明州（今浙江宁波），最后无奈，把小朝廷装进几只船内，从定海（今浙江宁波市镇海区）逃往台州（今浙江临海）、温州。金兵下海追了三百里，因为遭遇台风暴雨，金人被迫退兵，赵构幸免于难。

建炎四年（1131年）四月，南宋政权北返越州，以此地为行都，升越州为绍兴府，改年号为"绍兴"，以表示"绍继中兴"。在绍兴停留一年多，又以"漕运不继"为名而迁往杭州。绍兴八年（1138年），终于正式以杭州为"行在所"，这是南宋第二次迁都杭州。

自1138年杭州定都以后，南宋一直以杭州为都，并没有再次迁都。这是

第四章 中国主要古都及其文化

为什么呢？

第一，在军事方面，闽浙属丘陵地区，危峰幽谷，最宜设险，同时浙西水乡，具有天然屏障的作用，利于防守，对稳定政权起到了保障作用。

第二，在经济方面，自唐宋以来，杭州迅速崛起，经济富庶，一跃而成为"东南第一州"，为建都提供了雄厚的物质基础。

第三，在人员方面，南宋初年，朝中官僚虽来自四面八方，但亲属基本上都在临安附近。

第四，在文化方面，临安与汴京的社会风俗有相似之处，符合宋人的审美趋向和文化情趣。

宋高宗带领群臣历经坎坷，南宋政权最终定都杭州，这是一个重要的历史性选择，从此杭州迎来了一个新的发展阶段，开启了新的历史篇章。

### 三、诗情画意在西湖

在作为南宋行都临安之前，杭州曾为五代时期吴越国的国都和北宋时期的州城。在南宋时期，临安不仅是政治文化中心，还是全国的经济大都会。今日的杭州地处长江三角洲南翼，杭州湾西端，钱塘江下游，京杭大运河南端。今人提及杭州，可能想到的不是高大的城墙、神秘的皇陵、高耸的宝塔、参天的古寺，而是充满魅力的天堂都市、如诗如画的西湖美景。在中国的古都中，杭州是一个充满诗情画意的城市。

在822—824年，大诗人白居易在杭州任刺史。为抵抗旱灾、保障收成，他主持修筑一道从钱塘门外的石函桥至武林门的湖堤，以湖堤保湖、蓄水灌田，并大量植树造林、修造亭阁来点缀风景。当时的湖堤把钱塘湖一分为二，堤之西为上湖（即今之西湖），堤之东为下湖（今已湮为市区）。湖堤现已不存，但后世为纪念此事，把今天从断桥至西泠印社的"白沙堤"改名"白公堤"。

白居易是最早题咏西湖的诗人之一，他在《西湖晚归回望孤山寺赠诸客》

《杭州回舫》《春题湖上》《忆江南》等诗中，对西湖的美景有生动的描述。如《忆江南》诗云：

　　　　江南好，风景旧曾谙。日出江花红胜火，春来江水绿如蓝，能不忆江南？

　　　　江南忆，最忆是杭州。山寺月中寻桂子，郡亭枕上看潮头，何日更重游？

——白居易《忆江南》

在白居易的笔下，杭州名气大振，不但成为一座风景城市，还成为"江南"的代表。

除了白居易之外，还有一位诗人与西湖结下情缘，他就是北宋大文豪苏东坡。宋初的杭州，由于废除"撩湖兵"制度，西湖渐渐淤积。至1090年，苏东坡第二次到杭州时，西湖几乎全部萎缩干涸。于是，他奏请朝廷，动用了20万工人来治理西湖，而他主持修筑的堤坝被称为"苏堤"。经过一番治理之后，西湖恢复了美丽的风景。苏东坡欣然作诗《饮湖上初晴后雨》：

　　水光潋滟晴方好，山色空蒙雨亦奇。

　　欲把西湖比西子，淡妆浓抹总相宜。

——苏轼《饮湖上初晴后雨》

西子，即西施，她与王昭君、貂蝉、杨玉环被誉为我国古代"四大美女"，而西施可谓是天下第一美女。苏东坡把西湖比作西施，西湖也就成了天下第一美湖。从此，杭州人气大增，成了人人向往的旅游胜地、人间天堂。

到了南宋时期，诗人林升的一首诗使杭州无人不知、无人不晓。究竟是哪首诗有这么大的魅力呢？这就是《题临安邸》：

　　山外青山楼外楼，西湖歌舞几时休？

　　暖风熏得游人醉，直把杭州作汴州。

——林升《题临安邸》

诗中有情，情中有景，描述了西湖的美丽和繁华，也讽刺了南宋统治者

的歌舞生活。

西湖的美不仅在诗人的诗词中,也在市井的生活中。据《武林旧事》记载:

西湖天下景色,朝昏晴雨,四序总宜。杭人亦无时而不游……日糜金钱,靡有纪极,故杭谚有"销金锅儿"之号。

——《武林旧事》

西湖是天下美景,无论早晚,无论晴雨,四季都适合游览。杭州人上至帝王贵族、文人士子,下至普通市民,还有外来旅游者,无时不游西湖。在西湖每日消费的金钱,多得无法计算。所以,杭州西湖就得了一个"销金锅儿"的名号。

当时,西湖中有大量私人游船,有的大船有二三层楼高,可以乘坐数百人,装饰华丽,陈设典雅,美酒佳肴,欢歌曼舞,就如同今天的豪华游轮。数量更多的则是小的画舫,这些画舫多搭有布篷,船身彩绘,配有饮食、点心,在水面行驶自如,西湖美景尽收眼底。西湖游人多,游人的各种消费支出也比较多,难怪有"销金锅儿"的名号。

到了明清时期,"销金锅儿"这个名号甚至影响到了扬州。清乾隆时期,杭州诗人汪沆到扬州旅游,他发现扬州西湖的美景与杭州西湖非常相近,只不过与杭州西湖相比,扬州西湖规模小一些、形状狭长一些。于是他诗兴勃发,欣然命笔《瘦西湖》:

垂杨不断接残芜,雁齿虹桥俨画图。
也是销金一锅子,故应唤作瘦西湖。

——汪沆《瘦西湖》

汪沆说这里景色优美,游人如织,日费千金,是一个销金锅子。所以,应该把这个湖叫作瘦西湖。汪诗一出,"瘦西湖"之名迅速流传开来,西湖"销金锅子"从此声名鹊起。

在杭州西湖,有美景,有生活,也有爱情。说起西湖的爱情,白娘子与许仙的故事可谓家喻户晓。他们在西湖断桥浪漫邂逅,杭州是他们的爱情圣地。

白娘子为了许仙被镇压在雷峰塔下,许仙为白娘子出家为僧,他们的爱情故事以悲剧收场。为什么在杭州这么美、这么优越的生活环境中,却产生了如此悲惨的爱情故事呢?难道是因为杭州太过美好,还是因为凄美的爱情故事更容易使人记住这座城市?其实,这背后有着更深刻的原因值得探讨。

首先,杭州作为南宋都城"名不正"。南宋杭州并不是名义上的正式国都。南宋人认为,杭州只是皇帝临时驻跸之地,称为"行在所",或简称"行在",顶多称为"行都"。而名义上的国都仍是东京开封。为什么杭州不宣称国都呢?因为一旦正式宣称杭州为都城,就意味着抛弃了故土,不图恢复北上之志了。这是南宋政府不愿做也不敢做的事,更是南宋人民不答应的事。倘若杭州叫京师、京城,那就是"名不正"了。

其次,南宋士大夫"气不顺"。在江山半壁、外患严重的历史环境下,南宋统治者在虚拟的汴京中过起盛世的奢侈生活。这让具有社会良知的文人,对统治者倍感失望,精神上始终有压抑感,心理上一直气不顺。因此,出现了"暖风熏得游人醉,直把杭州作汴州"的恍惚景象。

南宋老百姓"心不安"。中国人自古"安土重迁""故土难离",而南宋的许多百姓来自北方,他们一路逃难,流离失所,背井离乡,失去了生养他们的土地和亲人朋友,时时刻刻向往着故乡,心中怎么能够安宁呢?

如此看来,白娘子和许仙的故事虽是传说,某种程度上却也反映了老百姓的诉求和愿望,爱情故事的背后是悲剧性的社会心理。

余秋雨先生在《文化苦旅》中曾说:"西湖贮积了太多的朝代,于是就变得没有朝代了。它汇聚了太多的方位,于是就失去了方位。它走向抽象,走向虚幻,像一个收罗备至的博览会,盛大到了缥缈。"这就是西湖——如诗如画的西湖,以其自身独特的魅力融入杭州的文化生活当中,成就了诗情画意的杭州。最终,杭州所承载的古都文化根植于中华文明的深处。

# 第七节　神奇甲骨话安阳

安阳是我国有确切文献记载和考古发现相印证最早的古都，开创了中国有稳定都城的历史。同时，安阳也奠定了中国古都宫殿建筑规制的基础，为后世都城建设提供了丰富经验。那么，在不同的历史时期，安阳成为都城的原因在哪里？什么是古都安阳最具代表性的文化元素？安阳作为古都对后世都城建设提供了哪些借鉴呢？

## 一、盘庚迁都到殷城

一提到安阳，大家会想到什么？可能是甲骨文、后母戊鼎、殷墟世界文化遗产、《周易》等。这些重量级的中国传统文化元素会一一浮现在大家面前。安阳虽然不是中国建都时间最长的古都，却是有确切文献记载和考古发现相印证最早的古都。它开创了中国有稳定都城的历史，同时也奠定了中国古都宫殿建筑规制的基础，为后世都城建设提供了丰富经验。

"洹水安阳名不虚，三千年前是帝都。"这是著名历史学家和考古学家郭沫若同志1959年考察殷墟时留下的著名诗句。由此我们也可以得知一个信息：安阳古都文化是从三千年前的殷商时期开始的，具体而言，是从盘庚迁殷开始的。历史上共有7个王朝和政权在此建都，安阳也被称为七朝古都。这7个王朝和政权分别是商朝、曹魏、后赵、冉魏、前燕、东魏、北齐。其中，商王朝在此定都270余年，创造了辉煌灿烂的殷商文化。盘庚迁殷拉开了殷商文化的序幕，也开启了安阳古都文化之旅，所以，今天我们就从盘庚迁殷开始谈起。

盘庚，商朝第20代王，在位28年。盘庚即位时，商朝政治腐败，王室内部争权激烈，阶级矛盾尖锐，商朝的统治岌岌可危。盘庚为了扭转局势，挽救商朝，决定放弃现有的都城，迁都他地。我们知道，在盘庚迁都之前，商朝已经迁都4次，定都5地，每一次迁都都是为了扭转商朝危机。这次更是如此。

为了迁都，盘庚亲自考察，精心选择，最后决定迁都安阳。安阳一带古时称北蒙，后来人称作殷。这里有良好的自然条件：首先气候温暖湿润。其次，洹水两岸水肥土沃，十分适合农业耕作。除此之外，还有天然的地势屏障，她西依太行山，地势险要便于防守。战国时著名军事家吴起曾对魏文侯说：

  殷纣之国，左孟门而右漳、滏，前带河，后披山，有此险也。

——《战国策·魏策一》

也就是说，殷都西边有孟门作为防守，孟门为太行山隘道之一，在今新乡市辉县以西，东边有漳水、滏水可以阻敌，后靠险峻的太行山，山川具备，防守保障。而且，太行山区还为人类提供各种丰富的野生林木资源和丰富的野生动物资源。同时，当时殷商王朝统治着今天的河南、山东、河北、山西大部以及湖北、安徽南部和陕西广大地区，位于河南北部的殷都正好"居天下之中"，国家的政令便于传向国之四方。盘庚选择殷地作为新的都城，可以说是已经具备了良好的天时、地利条件，现在唯一需要的条件就是人和，即需要得到贵族们的大力支持。

然而摆在盘庚面前的巨大困难却正是旧贵族们的竭力反对。面对强大的反对势力，盘庚没有动摇迁都的决心，他把所有贵族召集起来，发布了诰命，严厉命令他们服从。《尚书·盘庚》中记录了盘庚对他们的讲话："搬迁到殷的方案已经确定，我希望你们克制私心，并不是我不尊重你们的意见，而是你们中间有许多好的意见不奉献给我。当前形势如火如荼，我不采取措施不行啊。只有把网结在纲上，才能有条不紊，而搬迁就是当前要解决的大纲。""我要你们搬迁，是为了安定我们的国家，你们不但不谅解我的苦心，反而散布

流言蜚语制造恐慌。你们想要改变我的主意，这是办不到的。现在我们好比坐在一条船上，只有齐心协力才能到达对岸，否则就会船沉人亡。"在强大的决心和强硬的手腕支撑下，盘庚带领心有怨气的旧贵族和支持他的新贵族们浩浩荡荡地迁都了。

刚刚迁都后，由于一些旧贵族仍然从私心考虑，老不甘心，吵吵着要回去，盘庚又以恩威并用、软硬兼施的办法，终于在公元前1300年完成了真正的迁都大业，开启了安阳古都文化之旅。

盘庚迁都安阳，结束了商代及之前中国奴隶社会频繁迁都的历史，对于政权稳定、提高社会生产力都具有重大意义。同时，也为中国古代社会王朝或政权进行都城建设提供了借鉴。

首先，确定了都城选址的基本条件。在盘庚迁殷之前的多次迁都中，都是从某个侧面单方面考虑都城选址的条件，没有综合性考虑，所以往往会因为水患、外族入侵、经济发展条件较弱等原因被迫放弃而另迁他地。而盘庚选择安阳作为都城则为后世提供了一套都城选址的基本条件：第一，被山带河，地势险要，易守难攻；第二，土壤肥沃，粮食供应充足；第三，居于统治中心，易于控制整个国家。

其次，都城要相对稳定。中国第一个奴隶制王朝夏朝迁都频繁，在不到500年的时间里，迁都达10次以上。盘庚迁殷前，商代曾迁都4次，定都5个地方。频繁迁都，除了与当时社会生产力以及政治统治能力都比较低等因素有关外，与对都城选址没有足够的研究也有很大关系。都城作为王朝或政权的政治、经济和文化中心，频繁搬迁肯定不利于政权的稳定和长治久安。所以盘庚吸取了之前的历史教训，对安阳一带进行实地考察，迁都后又励精图治，加强建设，才使都城稳定下来，为以后都城建设提供了宝贵经验。

殷商建都安阳虽然有文献记载，但由于距离现代人生活实在是太久了，在相当长的时期里，人们并不清楚殷商都城的具体位置在哪里。直到100多年前，一种古老的文字——甲骨文被发现后，才为人们提供了打开殷商密码的金钥匙。下面我们就从神秘的甲骨文开始谈起。

## 二、神奇甲骨在安阳

甲骨文,被认为是中国最早的成熟文字。甲骨文被发现确定了商朝历史是我国的信史,将我国有文字可考的历史提前了几百年。也正是甲骨文的被发现和研究,引发了人们对殷墟的发掘。殷墟发现是新史学的开端,它标志着中国现代考古学的诞生。所以甲骨文不仅仅是中国文字史的开端,同时也是中国现代考古学诞生的关键因素,意义重大。

然而,意义如此重大的甲骨文被真正发现和认知却经历了一段坎坷曲折的过程。19世纪末期,安阳北郊小屯村民在田间耕作时,常常挖到一些龟甲兽骨。人们以为这与当时中药铺子里出售的"龙骨"差不多,就以低廉的价格卖给了中药铺子。药铺商买到甲骨后,除一部分留作配药外,大部分再运到北京、天津等地出售。这样,无比珍贵的殷墟甲骨就被当作药材"龙骨"而低价出售了,惨遭破坏。

1899年,北京国子监祭酒王懿荣患病,买"龙骨"服用,无意中发现这些所谓的"龙骨"上有许多刻纹。他凭着对金石学的深入研究,断定这些刻画是一种古老文字。正是这一重大发现,使原来这些所谓的"龙骨"即甲骨身价倍增。原来论斤出售的甲骨变成了以字数计价,由几文钱一斤一下子变成一个字几两纹银。从现在的研究来看,一块甲骨上面的刻字多少不一,一般刻十个字左右。迄今发现的最大的一片甲骨上刻了170多个字,记录了两个月之内占卜的过程和结果,被称为"甲骨之王"。170个字,得卖多少银子啊!暴利催生了对甲骨的粗暴发掘和贩卖。在这一过程中,多少有价值的殷墟遗址遭到严重破坏。一直到金石学家罗振宇、王国维等人收集、保护、研究甲骨文,才使甲骨片得到很好的保护,甲骨文也被世人真正认知。所以,今天大力宣传文物和文物保护知识是何等重要!

中国古都文化

甲骨文带领人们认识三千年前辉煌灿烂的殷商文化，认识这座承载了几代王朝辉煌的都城——安阳。

人们不禁会好奇地问：如此重要的甲骨为什么会大量聚集在殷墟安阳，而非他地呢？这就不得不从甲骨的制作和使用谈起。

制作甲骨文要经过选材、锯削、刮磨、凿、钻、灼等过程。选材选什么呢？我们今天看到制作甲骨文的材料主要是龟甲和兽骨。在当时交通不便利的情况下，龟甲和兽骨的来源应该是在安阳本地或者附近。那么，安阳本地和附近能够提供大量的龟甲和兽骨吗？据考证，殷商时期，安阳地区的气候要比现在温暖得多，降水量也很大，森林覆盖率很高，植被也特别丰富，这就为大量动物生存提供了条件。所以，在安阳附近的茂密森林、湖泊中，有大象、老虎、麋鹿和地龟等野生动物，马、牛、猪、羊等动物得到了驯化，被大量养殖。这就为制作甲骨文提供了大量的龟甲和兽骨。可见在殷商时期的安阳地区，并不缺少制作甲骨文的龟甲和兽骨。当材料准备充分后，再经过锯削、刮磨、凿、钻、灼等过程，甲骨文就形成了。

那么甲骨文主要做什么用呢？大家知道，甲骨文是刻在龟甲或兽骨上的占卜文字。在生产力还不发达的奴隶社会，神的力量还在人类的头脑中占据着重要位置。人们通过某种形式与神对话，求得神的启示。而且只有有学问、有身份的人才有资格担任占卜官，与神对话。所以我们今天虽然发现了15万余片带字甲骨，但这些与后世的书籍数量相比可谓天壤之别，主要原因就是占卜不是人人可以进行的事情，而且，一般是遇到特别重要的事情才会向神请示，进行占卜。

又有人会问，占卜真的可靠吗？这里面除了一定的信仰以外，其实有更大的政治权术在其中。一般来说，占卜谋事之前，商王是要和占卜官进行沟通的，而占卜结果往往也体现了商王的意志。如甲骨文记载，武丁当政时期对外用兵300余次，而且每次用兵前都要按照惯例进行占卜，如果按照自然规律而言，不可能次次占卜都是吉兆，如果不是吉兆就不应该用兵，但武丁要达到征讨方国的目的,这一点占卜官心中也不会不明白。所以,卜辞怎么写,大家心中就很明白了吧。当然有些商王不能确定的事情,也不会强行左右占卜官的意见,如关于月食、彗星、风雨、疾病等方面。但要占卜的事件一般由商王来确定,占卜官只负责占卜的过程和结果解读。商代王朝统治者借助占卜,实现了人神共治,巩固了王权,稳定了统治,与都城安阳建设形成了良性互动。

所以,甲骨文作为一把解开商代历史发展的钥匙,也使安阳这座三千年前的古都惊艳了世界,人们也因此赋予了这座古都一个美称——文字古都。文字成为这座古都的一张名片,向世人讲述着三千年前商代的神秘与传奇。

## 第八节 功夫之乡话郑州

郑州居中国之中,是中华文明开始的地方。它的五大元素是一山、一河、一祖、一寺、一城。这里有数不胜数的文物古迹,让郑州拥有了见证中华五千年文明史的丰富资源,历代为中华民族腹心重地,在中华文明起源、形成和发展过程中占有举足轻重的地位。

### 一、天地之中蕴都邑

人们常说,十年看深圳,一百年看上海,一千年看北京,三千年看西安。我们要说的是,五千年华夏文明看郑州。这样说的依据是什么呢?

每一个伟大的文明总有中心,它居于天地之中,唤醒文明、创造文化,影响历史进程。中原,本意为"天下至中的原野",是中华文明的发祥地,

中国古都文化

是华夏民族的摇篮,被视为天下中心。历史上中原地区一直是中国政治、经济、文化和交通中心,自古就有"得中原者得天下"之说,逐鹿中原,方可问鼎天下。

郑州,居中国之中,是中华文明开始的地方,中国的名称得名于此。

郑州,是一个都说"中"的地方。

它的五大元素是一山、一河、一祖、一寺、一城。

其中的故事,你,都知道吗?

郑州是中国都城建制创始的地方之一,这里是中国商人的发源地,中国商人从古代商都走来,穿透三千六百年历史烟云,沿着一带一路、跨境E贸易和空中丝路,将开放包容、互利共赢的中国商业理念带向世界。

郑州是中国思想启蒙的圣地,百家争鸣、三教融汇于此,八千年裴李岗文化,在这里唤醒东方文明;六千年大河村文化,在这里赋予了文明最初的色彩;五千年黄帝文化,在这里奠定中华文明的基本规制;三千六百年商都文化,在这里传承延绵不息的华夏薪火。

中岳嵩山峻极于天,35亿年地质变迁,成就当之无愧的万山之祖,女皇武则天登临峻极峰、筑登封坛,敕封五岳之首。在历史上,嵩山地区就是东西文化通道和南北文化通道的交会处。这两个通道的交会点正是现在的郑州。

黄河,中华民族的母亲河,她源起雪山,流经中原,中华民族在这里率先跨入文明的门槛。华夏先民从黄河流域走向四方,把中华文明带向世界各地。黄河是民族之魂、文化之脉、文明之源。"东方的轴心"一直在西安—洛阳—郑州—开封的黄河中游地区,奠定了五千年不变的文明基础。

郑州是人文始祖黄帝的故里。"二月二,龙抬头;三月三,拜轩辕",每到三月三这一天,海内外华夏子孙会来到郑州新郑黄帝故里寻根谒祖。

少林寺位于郑州登封西北中岳嵩山西麓,是中国享誉海内外的佛教寺院、中华功夫的源头,是国家旅游局批准的首批国家5A级旅游景区。少林寺在上千年的发展中逐渐形成了内涵丰富、博大精深的文化体系,其中最为著名的就是少林禅学与少林功夫。随着时间推移,少林医学、建筑、碑刻、艺术等逐渐被吸收进少林寺文化，形成一个完整的历史文化体系。少林寺传承千年，经历几代王朝兴衰而屹立不倒，步入现代愈显欣欣向荣之势，少林文化更是从中国走向世界，成为国际上中国形象的独特元素。2010年8月1日，联合国教科文组织第34届世界遗产大会将包括少林寺在内的郑州登封"天地之中"历史建筑群列入《世界遗产名录》。

郑州商城位于今郑州市区，总面积约13平方千米，始建于大约3600年前的夏代末年，一直使用到商代中期，是商代早中期的都城遗址。

地处中原腹地的郑州文化厚重、历史悠久，是国家历史文化名城，"中国八大古都"之一。

第三次全国文物普查统计显示，郑州市拥有各类文物古迹达8651处，其中世界文化遗产两处（登封"天地之中"历史建筑群、大运河通济渠郑州段），全国重点文物保护单位74处，省保单位131处，市保单位246处，无论是文物古迹的总量，还是全国重点文物保护单位数量，都位于全国城市前列。这些珍贵的文化遗产，凝聚有中华文明发生和形成阶段最重要的文化信息，反映着中华民族独特的文化传统、价值、信仰，在中华文明发展史上具有无可替代的重要地位。

如果觉得列举数据太生硬，我们不妨把郑州大遗址片区文化遗产的核心价值凝练为比较直观形象的四大方面。

首先，郑州地区是东亚现代人出现到农业起源的核心地区。郑州地区已发现古遗址400余处，构成了旧石器时代至新石器时代发展过渡的完整年代链条，印证了中国现代人的独立起源，揭示了东亚地区农业起源的过程。

其次，郑州地区是华夏文明起源与形成的核心地区。郑州西山遗址是已知最早的夯筑城址，登封王城岗是已知我国北方地区最大的龙山文化城址之一。公元前3700年至公元前2000年左右，郑州地区密集出现了多座环壕聚落或夯土围垣，新砦遗址发现的超大型半地穴公共建筑基址，王城岗、牛砦、新砦遗址发现的铜容器残片，花地嘴等遗址发现的大型仪仗用玉器，说明郑

第四章 中国主要古都及其文化

州地区是研究文明形成时期社会组织关系的关键地区。

再者,郑州地区是中国城市文明最早走向繁盛的核心地区。从公元前2100年起至公元前1500年,以王城岗遗址、新砦遗址、二里头遗址、郑州商城遗址的出现为标志,在郑州地区出现了中国统一王朝最早的一批都城,体现出中国古代城址营建思想的发展脉络。管、虢、郐、郑、韩等多个诸侯国都城,多座军事城堡与采邑性城址的出现,则反映了城市文明在中原地区的发展与繁荣。

最后值得一提的是,郑州地区是华夏民族传统价值观形成的核心地区。郑州嵩山地区在传统文化"中""和"思想的形成过程中产生过深远影响。汉三阙、中岳庙、大周封祀坛遗址等古代祭祀场所,反映了传统礼制文化的久远。天文建筑观星台反映了传统文化对农业生产和四时节令的重视。嵩阳书院对宋代理学思想的形成和传播起到过重要作用。法王寺、慈云寺、嵩岳寺、少林寺、会善寺、永泰寺塔印证了佛教的发展与繁荣。崇福宫、中岳庙、崇唐观、安阳宫、老君洞等与书院、佛寺交相辉映,并出现了同祀三圣的三教庙。在嵩山地区,儒释道三教相互影响又各自发展,共同影响着中国古人的精神世界,形成了古代中国多元文化融汇创新的核心地区。

数不胜数的文物古迹,让郑州拥有了见证中华五千年文明史的丰富资源,这里历代为中华民族腹心重地,在中华文明起源、形成和发展过程中占有举足轻重的地位。

郑州地处天地之中,传承中华文明,呈现中华大美,实现文化自信,这是一个都说"中"的地方。

## 二、禅武并臻有少林

提起少林寺,你首先会想到什么?是佛教圣地的悠远,还是天下武功出少林的豪迈?

悠悠古刹，千年少林，传奇岁月，禅宗祖庭。

嵩山少林寺位于郑州登封嵩山脚下少室山的密林中，并因此而得名。闻名世界的古刹少林寺已有一千五百余年的历史，最初建寺的时候并不叫少林寺，而是叫"僧人寺"，传说是北魏孝文帝为了安置他所敬仰的印度高僧跋陀罗尊者，在与都城洛阳相望的圣山——嵩山少室山北麓敕建少林寺。

而少林寺的名扬天下，却缘于另一位印度高僧菩提达摩。相传在一千五百年前，高僧勒拿摩提和菩提流在少林寺共同翻译印度世亲菩萨《十地经论》，历经三年终于完成，期间达摩祖师"一苇渡江"来到北方，先在少林寺面壁修行数年，首倡"以心印心"的禅宗教法，然后广集僧徒，历时九年，寺院逐步扩大，名声大噪，并由此确立了少林寺禅宗祖庭的崇高地位。达摩传法于慧可以后，离开少林寺。禅宗一向奉达摩为初祖，慧可为二祖，后连续单传至六祖。南北朝时期，印度各种佛教流派的典籍已基本译为汉文。佛教思想在中国的发展，不是单靠翻译，而是与中国传统儒家经典相互融合，由中国僧人自身领悟创作，传播和推广。少林寺作为佛教寺庙，成为重要的佛教文化传播交流发展的圣地。隋朝末年，天下大乱，少林寺成为山贼攻击的目标，为了保护寺产，少林寺僧人组织起武装力量与山贼及官兵作战，少林功夫作为少林寺的武装力量初步形成。而后，少林寺昙宗等十三位僧人，擒拿王仁则，夺取辕州城，归顺了秦王李世民。三年后，李世民派特使来少林寺宣慰，参战僧人均受到封赏，昙宗还被封为大将军僧，并赐给少林寺田地四十顷。少林寺自此以武勇闻名于世。唐宋时期，佛教飞快发展，少林寺逐渐兴盛并成为中国佛教最大宗派，开始成为禅宗教派的朝圣地。在元朝时期，少林寺出现了很多名僧，其作为禅宗教派祖庭，地位显赫，禅学盛隆，由此开启了一百多年少林寺禅学历史最辉煌的时代，为该时期中国禅宗教派之轴心。到了明朝，为联合农民起义抗击蒙古压迫，少林寺僧人至少有六次受朝廷征调参战，屡建功勋，多次受到朝廷的嘉奖，并在少林寺树碑立坊修殿。少林功夫也在实战中经受了检验，少林武术威名远扬。清朝，受战乱影响，

第四章　中国主要古都及其文化

此时的少林寺僧人规模逐渐缩小。雍正十三年（1735年），皇帝亲览寺院规划图，审定方案，重建山门，并重修千佛殿。乾隆皇帝亲临少林寺，夜宿方丈室，并亲笔题诗立碑。由此少林寺文化到达鼎盛时期，以禅宗与武术并称于世，成为中华传统文化的重要组成部分。

少林寺在上千年的发展中逐渐形成了内涵丰富、博大精深的文化体系，其中最为著名的就是少林禅学与少林功夫，随着时间推移，少林医学、建筑、碑刻、艺术等逐渐被吸收进少林寺文化，形成一个完整的历史文化体系。

少林禅宗的发展，是佛教在中国发展过程中逐渐中国化的最为生动形象的代表之一，少林寺有"禅宗祖庭，天下第一名刹"之誉，禅宗是具有本土性格的中国化的佛教，它力求使佛教思想和民族优秀传统文化有机结合，使佛教的思想精神能够体现在人们的日常身心活动与社会实践中。少林禅学坚持"佛法在世间，不离世间觉"的理念，强调入世，在世间了悟佛法真谛。因此，少林僧众深入民间，使禅宗佛学在百姓之间广为传播，人们甚至将佛语、禅宗典故、佛教礼仪等逐渐应用于实践之中，对日常生活产生了巨大影响。以少林寺禅宗文化为代表的中华禅学体系，是中华传统文化的重要组成部分，不仅为国人所接收喜爱，也逐渐为世界各族人民所理解。

在武学方面，少林功夫是少林文化的重要组成部分。少林寺的功夫最初缘于强身健体和保护寺院安全的需求。传说北魏时期，达摩祖师传法于少林，并传授锻炼身体的"活身法"，此即为"少林拳"的雏形。之后，少林寺不少武僧在出家之前就精通武术，很多武艺高强人士不满封建制度，看破红尘，削发为僧，成为武僧的骨干。少林武僧在勤王平乱、抵御外族入侵方面，都积极入世，发挥了重要作用，也使得少林功夫闻名遐迩。"禅武合一"是僧人修习少林功夫的目标，禅为主，武为辅，以禅定功夫为根基，泯灭争强好胜之心，摒弃尘俗纷扰之念，才使得武僧们习惯于在心静如水、无患无虑的状态下练功，又兼以寺院武功的传统优势，所以历史上的少林武僧往往得以步入武学的较高境界，这在相当程度上应归功于禅法的作用。武术禅就是提供一个人可以亲身去做,最终"见性成佛"的参禅路径。少林功夫的极致是练就不动心,"内心不乱为定",表现在外就是"外不着相为禅"。外不着相,才能变幻莫测,博大精深,最终达到禅心运武,透彻人生,内心无碍无畏,表现出大智大勇的理想境界。少林功夫不仅是武术,而且是技击与禅宗文化的融合,更体现了除邪卫道的儒家风骨与天人合一的道家思想,是中国传统文化最杰出的代表,深受不同文化背景人群的喜爱,是中华文明的传奇。

除去禅学与少林功夫,少林医学也是对中国传统医学的继承、延续和发展,在少林寺的流传过程中,经历少林历代高僧的不断推演,吸收少林禅宗静坐、修身等形式,以"禅机"和"气机"为基础,强身先修心、修德,形成了具有少林特色的禅医药文化传承体系。在艺术方面,少林的建筑、雕塑、音乐、书画等,逐渐受到全国乃至世界各地人民的关注和认同,成为中国传统佛教文化的典范,为少林文化艺术发展增添了重要而丰富的内涵,为世界艺术发展做出了贡献。

"少林寺"已经成为中华民族人格精神和文化个性的象征,并在当代人类生活中表现出日渐蓬勃的生命力和感召力。少林文化以开放包容的姿态,不断吸收中国传统文化的精髓,为中华民族的发展注入了强劲的动力,同时少林文化蕴含着创造性应对现实人生以及社会、自然问题的丰富智慧资源,为中国传统哲学发展提供新思路,注入新思想。总之,少林寺源远流长,对中国传统文化的继承与发展发挥了重大作用,少林寺与少林文化已经成为中华民族的重要精神财富,是全人类的珍贵文化遗产。

少林寺传承千年,经历几代王朝兴衰而屹立不倒,步入现代愈显欣欣向荣之势,少林文化更是从中国走向世界,成为国际上中国形象的独特元素。

## 第九节　民族融合话大同

大同有着近百年的建都历史,在中国大古都中别具特色。同时,大同还留下了与众不同的古都历史,折射着中华民族的"大同"文化精神。那么,历史上,到底是哪个王朝看中了大同这块宝地?在那里又曾经发生过怎样惊心动魄的历史故事呢?

### 一、密谋迁都定中原

说起古都大同,不能忽略了一个人、一件大事和一种理想。这个人物是谁呢?这件大事是什么呢?这种大理想又是怎样的一种理想呢?这三者和大同又有什么密切关系呢?接下来,让我们一起去品味古都大同。

大同古称平城、云州、云中等,它的历史可追溯到10万年前的许家窑文化。大量考古遗存表明,10万年前已有人类在这里繁衍生息。

春秋时期,大同地区为北狄所居。战国时期,初为代国,后并入赵地。秦汉时期,这里为雁门、代郡之地。三国时,这里为乌桓、鲜卑所据。晋朝建兴元年(313年),拓跋猗卢定盛乐为北都,平城为南都,属代国。398年,北魏拓跋珪从盛乐迁都到平城(今大同),定国号为"魏"。拓跋珪自称皇帝,以中原正统自居。493年,北魏迁都洛阳,这才结束了大同96年的国都史。

那么,为什么大同不能继续作为都城了呢?为什么要迁都洛阳呢?这里要说起一位大人物,他是一位帝王改革家。在中国古代,有许多著名的改革家,如商鞅、王安石、张居正等。不过,说起帝王改革家,恐怕就要数赵武灵王和我们要说的这位大人物了。赵武灵王推行"胡服骑射",是中原王朝向北方游牧民族主动学习的运动;而这位大人物恰恰相反,推行北方游牧民族全方位向中原农耕民族学习的运动,这场运动轰轰烈烈、影响深远,不仅改变了中华民族的整体格局,同时也改变了大同这座城市的命运。这个大人物到底是谁呢?他就是中国历史上杰出的少数民族政治家、改革家,北魏第七位皇帝——孝文帝拓跋宏。

孝文帝迁都洛阳并非一帆风顺,但他对此已有心理准备。他预测到鲜卑贵族会反对迁都,这样会影响稳定。于是,他召集群臣商议南伐,并用卜筮来决定。在卜筮时,孝文帝认为是吉卦,任城王拓跋澄却认为这不全是吉卦,结果不欢而散。在私下里,孝文帝对拓跋澄说了这样一番话:

> 国家兴自北土,徙居平城,虽富有四海,文轨未一。此间用武之地,非可文治,移风易俗,信为甚难。崤函帝宅,河洛王里,因兹大举,光宅中原。
>
> ——《魏书·任城王澄传》

他认为平城是用武之地,仅仅依靠武力并不能解决国家的问题,治理国家需要文治,然而以名教礼乐育人民,实施文治和移风易俗,这些在平城是难以实现的。拓跋澄这才明白孝文帝的用意,大表赞同。于是,君臣二人商定,借南伐之名,行迁都之实。

太和十七年(493年)八月己丑(9月7日),是农历的白露。这天一大早,在北魏都城平城,年轻英俊的孝文帝集结大军南下。当时,正值秋雨连绵的时节,孝文帝率军冒雨前行,到九月庚午(10月17日),大军到达河南洛阳。经过40天的长途跋涉,军队已是人困马乏,疲惫不堪。

当时,大臣对南伐没有信心,众人趴在孝文帝的马前,痛哭失声,以死相谏,请求停止南伐。孝文帝对众大臣说:此次兴师动众,劳而无成,会给后人留下什么榜样?如果停止南伐,就应当迁都于此。跟随孝文帝南征的文武大臣们一听,全都傻了眼。大军中途休整是常有的事,把休整的地方当成国家的

第四章 中国主要古都及其文化

新都，这可是从来没有听过的事！于是，军队和临时征召来的百姓开始整修洛阳的宫殿、官署。

第二年，即太和十八年（494年），孝文帝把官僚机构和后宫嫔妃陆续从大同迁到了洛阳，顺利完成了迁都。那么，孝文帝为什么执着于迁都呢？究其原因，主要是北魏统一中原后，国都平城地处边陲，已经不能适应统治的需要。在政治上，大同靠北，不利于黄河中下游地区的统治，也不利于汉化政策的推行；在经济上，人口日益增加，交通不便，粮食和物资供应艰难；在军事上，北面受柔然的威胁，经营南方力不从心。

其实，孝文帝从小就深受中原文化的影响，这为迁都中原埋下了伏笔。孝文帝继位时，年龄比较小，依据鲜卑祖制，"子贵母死"，他的母亲被赐死，由冯太后主持朝政。孝文帝亲政后，有一宠妃林氏深得孝文帝的宠爱，林氏之子被立为太子，林氏也未能幸免。孝文帝切身感受到了鲜卑落后的祖制对人性的摧残，加深了他对汉文化的向往。为了避开冯太后的势力范围，孝文帝坚定了迁都中原的决心。

可是，迁都就意味着所有问题都解决了吗？当然不是。不迁都，无法掌控北魏的局面；迁都而不改革，无法稳定新都的地位。于是，一场轰轰烈烈的太和改制拉开了帷幕。

## 二、孝文改革崎岖路

在孝文帝改革之前，冯太后也为北魏政治、经济、文化的稳定采取了一些措施，做了很多大事。例如：整顿吏治、稳定政局；改革土地政策，推行均田制；大胆提拔和任用汉族知识分子，推进鲜卑封建化进程；在平城和地方各郡设学校，普及儒家文化教育等，为孝文帝的改革奠定了良好的基础。

自太和十四年（490年），孝文帝改庙号、定行次、改官制，这些改革大大地改变了北魏政权的面貌，也极大地伤害了鲜卑贵族的既得利益，引起他们的不满与抵制。于是，改革陷入危机，孝文帝借"南伐"之名迁都到洛阳。同时，针对鲜卑等民族的一系列汉化改革法令相继颁布，即禁胡服、断北语、改汉姓。南迁者一律将籍贯改成河南郡洛阳县人，学说洛阳话，穿用中原汉人的服饰，他们用以标识身份的部落名号，或取音，或取意，按汉族主流习惯改成单字姓氏。例如，拓跋（皇族）改元姓，独孤改刘姓，丘穆棱改穆姓，步六孤改陆姓，贺赖改贺姓等。

孝文帝想通过这些改革，最大限度地学习和吸收汉文化，推进鲜卑族的汉化进程。然而，中国古人讲究"安土重迁""故土难离"，鲜卑虽为少数民族，同样也不愿意离开自己的故土。何况不仅仅是迁走了，还需要改变服装，学习语言，甚至还要改姓。可想而知，孝文帝改革的难度有多大。不但臣子反对，就连自己的儿子拓跋恂也是不愿意。

当时，拓跋恂是太子，已经12岁，长得肥大，怕热。《魏书·孝文五王列传》记载："太子恂，体貌肥大，深忌河洛暑热，意每追乐北方。"至于肥到什么程度，史料没有记载，估计是个大胖子。从这段记载来看，太子恂反对迁都的主要原因是他不喜欢洛阳的气候。这不是没有道理，不只太子恂，几乎所有鲜卑贵族们都习惯了大同所在的北方地区较为寒冷的气候。而洛阳位于中原腹地，夏天比大同要炎热得多，这成为他们反对迁都的口实。

为缓和鲜卑贵族对迁都的抵触情绪，孝文帝颁行了很灵活的"冬夏二居"政策，允许大臣们在洛阳和大同购置两套房产。《北史·斛律金传》载："秋朝京师，春还部落，号曰雁臣。"这些大臣可以秋、冬在洛阳，春、夏返回大同或者自己的草原部落，像大雁那样随着季节进行迁徙。后来，清朝建都北京后，在河北承德建立避暑山庄。夏天的时候，皇帝就在那里办公和生活，也是同样的道理。可是，太子不行，他要帮助孝文帝处理政务，不能回去。

太和二十年（496年）八月的一天，孝文帝到中岳嵩山巡幸，拓跋恂留守京师洛阳。趁此机会，拓跋恂与人密谋，准备逃回北都大同，并且杀了其师高道悦。孝文帝得到消息，中止巡幸，命人赶紧准备车驾赶回洛阳。结果，

拓跋恂没来得及离开。孝文帝"闻之骇惋"(《魏书·孝文五王列传》),下令杖责太子恂一百下,打得太子一个月都没起床。之后,孝文帝和大臣们商议,决定废除太子,把他拘押在河阳(今河南省孟州市),重兵看守。第二年三月,孝文帝秘密下令鸩杀太子恂。

那么,孝文帝已经把儿子拘禁起来了,为什么如此狠心,非要置亲生儿子于死地呢?难道仅因为太子北奔大同这件事吗?其实,事情远没有这么简单。

首先,太子恂不学无术,反对汉化。孝文帝好读书,深受汉化的影响。《魏书·高祖纪》记载,孝文帝"雅好读书,手不释卷。《五经》之义,览之便讲"。孝文帝从小喜欢读书,每天手不释卷,奠定了他后来汉化改革的思想基础。而拓跋恂从小在冯太皇太后身边长大,娇生惯养,不喜欢读书,甚至有点厌学。冯太后去世后,太子由孝文帝直接教育和管理,孝文帝为将拓跋恂培养成继续改革的接班人,采取了一系列的措施:一是太和十七年(493年),将拓跋恂立为皇太子,又将其字由元道改为宣道,寄寓无限的希望;二是令其勤奋学习儒家经典。孝文帝特意聘请汉儒专门辅导他读书学习,但收效甚微。迁都洛阳后,孝文帝大力推行汉化,禁胡服,改穿汉服是其中一项重要的改革举措。据《南齐书·魏虏传》记载,孝文帝特意为太子定做了一套汉服并亲自交给他,希望他穿上,给大臣做个表率。而太子恂自己偷偷地把孝文帝给他的衣服撕得粉碎,解开头发编穿左衽。这充分说明他对汉族文化的不满,公然反对他的父亲,也就是反对汉化改革。

其次,太子恂被反对改革的旧贵族利用。事情起于冯太后的兄长太师冯熙去世之事,太师身份地位高,必须有人去吊丧,孝文帝打算派太子去。孝文帝说:现在你不应该到大同去,只是太师逝世,我处于皇帝的位置,不能轻易奔赴舅家治理丧事,打算派你到舅家表示哀悼,并拜谒你母亲的坟墓,尽尽儿子的感情。你到了那里,太师丧事结束后,应该拜谒我们皇室陵园。在路途中,应当时刻温习阅读经书,就如同见到我一样。(《北史·废太子庶人元恂》)在孝文帝的嘱托下,太子恂返回大同,旧贵族趁机拉拢和挑拨,而太子恂原本就对父亲的做法不满，正好不谋而合。

当然，与旧贵族结盟还有另外一个原因，太子恂从小养在冯太后身边，以冯太后为首的官僚集团就是太子恂的强大后盾。然而，不幸的是，太子恂的强大后盾因冯熙的去世、冯皇后的废后而彻底失去了依靠。冯皇后原是孝文帝的第一位皇后，是冯熙之女。后来她同父异母的姊妹，也就是她的姐姐，被孝文帝招进宫来，立为昭仪。她姐姐野心很大，又得孝文帝宠爱，孝文帝就对冯皇后冷淡，后来干脆废冯皇后为庶人。此事引起了太子恂强烈的恐惧，于是就在这样一种背景下，太子恂需要旧贵族的支持，加之旧贵族的拉拢利用，他终于与大同旧贵族结成反对改革的联盟。

从前述孝文帝派太子吊丧的话语，我们可以看出父亲对孩子的殷切期望。然而，太子恂的不学无术、与反对派旧贵族结盟、叛逃大同等一系列事件表明，太子恂极有可能与旧贵族联合另立政权。而冯昭仪打算立拓跋恪为太子，她在孝文帝耳边尽说太子恂的坏话，因此，在太子恂叛逃大同未果之后，孝文帝为不使改革成果付诸东流，将太子恂废为庶人。

孝文帝立拓跋恪为太子，太子恂又该如何处理呢？他身后还有强大的旧贵族在支持着。孝文帝为了北魏的千秋大业，痛下决心，鸩杀了亲儿子。太子恂死了，旧贵族也就没有代言人来反对改革了。从此，改革得以顺利推行，消除了拓跋恪皇位的隐患，稳定了北魏的政局。

然而，让人感到遗憾的是，正当孝文帝改革进行得如火如荼的时候，太和二十三年（499年），年仅33岁的孝文帝英年早逝，这给历史留下了太多的遗憾。

### 三、胡汉融合向大同

太子恂的死，旧贵族的反对，各种形势的逼迫，未能阻挡孝文帝改革的步伐。那么，孝文帝为什么如此坚持改革呢？除去前文谈到的各种客观因素，

还不能忽视孝文帝内心深处的理想。

在中国古代诸子百家中,儒家追求的最高政治理想是"天下大同",其目标是"天下为公,人尽其才,物尽其用,社会公平,民族和睦"(《礼记·礼运》)。孝文帝长期受中原儒家文化影响,他想达到的或是说他的最高政治追求和理想是"华夏一统,走向大同"。孝文帝生在大同、长在大同,大同是孝文帝改革的摇篮,而他的改革也一直为后人所铭记。

首先,改革促进了民族的交流和融合。孝文帝在对待鲜、汉民族融合问题上,具有一定的超前意识。正如缪钺先生指出:"北魏孝文帝确实是古代少数民族统治者中一位有远见卓识而又有毅力的人。"在对待民族问题上,他清除了传统成见。孝文帝本人也曾说:

人主患不能处心公平,推诚于物。能是二者,则胡、越之人皆可使如兄弟矣。　　　　　　　　　　　　——《资治通鉴》

可是,为什么中华民族中的56个民族没有鲜卑族呢?原因在于孝文帝改革了鲜卑族的姓氏。前述拓跋改姓元,独孤改为刘,步六孤改为陆,丘穆陵改为穆,贺赖改为贺,所以今天的元、刘、陆等姓氏当中的某一支有鲜卑族的血统,也就不足为怪了。其实,历史上的匈奴、契丹、女真等很多游牧民族后来也都融合在了汉民族里。这就是说,从中华民族的演化史来看,纯粹的汉族已经不存在,56个民族是你中有我,我中有你,这才铸就了中华民族多元一体的文化大家庭,使得中华文化异彩纷呈、博大精深。虽然鲜卑族消失了,但这个民族的血液却长久地流淌在中华民族的血脉中,生生不息,历久弥新。而伟大的改革家孝文帝通过改革不仅缓和了民族矛盾,巩固了封建统治,促进了民族的大融合,也为结束长期分裂局面,重新走向国家统一奠定了基础。

其次,改革增进了文化大交流。这表现在两个方面:一方面,北魏曾经以大同和洛阳为中心,统治我国黄河中下游及其以北地区,促进了这一区域文化的大交流,留下了丰富的遗产。举例来说,北魏帝王崇信佛教,冯太后、孝文帝都是虔诚的佛教徒，所以，北魏统治时期，以大同为中心传播佛教，留下了大量的佛教寺院和佛教石窟。我国有些著名的佛教寺院，如山西五台山、郑州嵩山少林寺等，都始建于北魏；大同的云冈石窟、洛阳的龙门石窟、敦煌的莫高窟、天水的麦积山石窟，也都始凿于北魏时期。另一方面，形成了我国古都史上很有趣的姊妹都城现象——一个朝代从一个都城迁到另一个都城，两个都城的建筑、风俗、饮食、语言等彼此传承，血脉相连。北魏的大同与洛阳、隋唐的西安与洛阳、宋朝的开封与杭州、明朝的南京与北京等都是这样。

著名社会学家费孝通先生有这样一句话：

  各美其美，美人之美，美美与共，天下大同。

——费孝通《论文化自觉》

而今天的大同正是在这样一种创造的、包容的、和谐的美中，散发着中国大古都的独特魅力。这座崇尚先进、开拓进取、重民亲民的古都大同，在中国历史上具有重要的地位：大同是民族融合的大平台；大同是都城建设的里程碑；大同是改革创新的大舞台；大同是佛教中国化的先行者；大同是古都艺术的新模式，无论是北魏时代的云冈石窟，还是辽金时代的华严寺、善化寺等，均堪称旷世精品，开创了大同模式；大同还是军事防御的前沿。

正如专家们指出的那样，大同是在中国历史上地位显著的古都、艺都、佛都、军都、融合之都、改革之都，其恢宏大气的古都文化、雄伟壮观的军旅文化、精粹深邃的宗教文化、举世瞩目的长城文化、兴旺发达的边贸文化、绚丽多彩的融合文化、蕴涵丰富的煤文化，是历代大同人民砥砺奋进、开拓创新的最佳体现。

第四章 中国主要古都及其文化

# 第十节　如花似锦话成都

"成都"是一座名称不变的古都,是一座如花似锦的古都,还是一座天人化成的古都。在古都成都,有诉说不尽的文化故事,有不断续写的文化传奇,有让人"来了就不想走"的独特魅力。

## 一、名称不变的古都

人们常说"因为一个人,爱上一座城",而我想说"因为一首歌,爱上一座城",这首歌和这座城的名字相同,这就是"成都"。《成都》是一首网红歌曲,歌中唱道"成都,带不走的只有你",这首歌打动了无数成都人,也触动了许多外地人,让人对成都充满了向往之情。

成都的魅力不仅在于那里有美景、美食和美女,更在于她由内而外散发出的文化气质。这文化气质的养成,离不开古都的历史影响。那么,成都作为一座古都,它是什么时候开始建设的呢?又有哪些文化特色呢?我们不妨从它的名字说起。

目前,关于成都的来历有不同的说法,至少有 8 种观点。其中,比较常见的一种说法是,成都为"建成都城"之意。据《太平寰宇记》记载,成都这个地名源于西周建都的经历。说当年周太王迁居到了岐山,"一年成邑,二年成都",可见城建的速度是很快的。周太王是谁呢?他是上古周部落的领袖,是周文王的祖父,后人称之为"古公亶父"。周太王为了躲避西北戎狄的侵扰,率领族人迁居到岐山下的周原,他受到百姓的拥戴,很快就建成了都邑，这就为后来周王朝的发展奠定了基业。

关于都城的建造，还有一个类似的故事发生在舜的身上。据《史记·五帝本纪》记载："舜耕历山……一年而所居成聚，二年成邑，三年成都。"传说中的舜是一个有卓越才干和高尚道德的人，他也是受到百姓的爱戴和追随，用三年时间就壮大了部落，成功营建了都城。有人认为，这是成都的来历。无论是"二年成都"，还是"三年成都"，也无论是周太王，还是舜，实际上与成都这个城市本身都没有关系，但为什么又扯上关系了呢？一种可能是后人望文生义，另一种可能就是当时为了效法古人。"成都"可能不仅仅是指成功营建都城，背后还蕴含着一层政治含义：当贤明的君主受到百姓的爱戴，都城自然会很快建成，事业也会得到顺利发展。

那么，"成都"是什么时间由谁建设的呢？这就要从古蜀国说起。古蜀国的起源可以追溯到黄帝时期，传说黄帝娶了蜀山氏的女子为妃，生下了一个男婴，这个男婴长大后就成为古蜀国首位称王的人，他就是"蚕丛"。蜀王"蚕丛"善于养蚕，教导民众种桑养蚕，因而被部族人称作"蚕丛"。这个人不仅名号特别，长相也很另类，《华阳国志》中将他描述为"目纵"。"目纵"是什么意思呢？一般认为是，眼睛向外凸出。这样一个特殊的人物形象，在三星堆考古遗址中得到了印证。

在距今五千年至三千年左右的三星堆古蜀文化遗址中，人们惊奇地发现了一件十分特别的青铜面具。这显然不是一个普通人的面相造型，他的双眼向外凸出达16厘米，耳朵向两边张开，面具宽达138厘米，五官形象非常夸张，传递出一种凌厉的威严。有人将它戏称为"千里眼、顺风耳"，甚至还有人说他是"外星人"。根据学者的研究，这个神秘的面具极有可能就是夸张地表现了"蚕丛"的形象。蚕丛是蜀国的第一位领袖，为蜀国的发展做出了突出的贡献，他受到蜀人的顶礼膜拜，并且被进一步神化了。

在古蜀国的历史传说中，还有一位国王值得一提，这就是杜宇。在周代末年，蜀国国王杜宇开始称帝，号曰"望帝"。在他晚年的时候，蜀国经常

第四章 中国主要古都及其文化

发生水患，蜀民不得安生，于是他就派宰相鳖灵去治水。鳖灵很有能力，治水有功，杜宇就让位给鳖灵。传说杜宇在禅位之后，不幸国亡身死，死后魂化为鸟。每到暮春时节，此鸟彻夜不停地啼鸣，以至于口中流血，血染杜鹃花。这就是"杜鹃啼血"的故事。唐代诗人李商隐的《锦瑟》中有诗句"庄生晓梦迷蝴蝶，望帝春心托杜鹃"，引用的就是这个典故。

在杜宇禅位给鳖灵之后，鳖灵就成了蜀国的第五代国王。鳖灵号称"开明帝"，这一时期的古蜀国被后世称为"开明王朝"。大概是由于受到水灾的威胁，在开明王朝的第五代，还有一种说法是第九代，蜀国的国都迁到"成都"，从此正式开启了成都的古都历史。蜀国自从在成都建都以后，农牧文明和手工业经济得到了发展，国势日渐强大，成都也就成为中国西南地区的中心城市。

当历史发展到了战国末期，秦国强大起来之后，灭掉了蜀国，在蜀地设置"蜀郡"。公元前311年，秦国按照秦都咸阳的建制，对成都进行了大规模的修建，这就为以后成都的发展奠定了基本的城市格局。

自秦国统一中国以后，成都曾先后为成家、蜀汉、成汉、前蜀、后蜀等五个重要政权的都城。在此期间，成都的都城史有146年。此后，成都也多次成为陪都或起义军临时政权的都城。在唐代，成都曾作为陪都，称"南京"；在北宋，王小波、李顺起义，建大蜀政权，以成都为都城；在明朝末年，张献忠起义建大西国，也以成都为都城。由此可见，成都是一座拥有悠久的建城史和建都史的文化名城。从开明王朝算起，至今2300多年来，成都这个城市的名称一直在沿用，这种古都名称基本保持不变的现象，在中国古都史中是比较少见的。成都的城市名称保持不变，也从一个侧面反映了成都文化的延续性。

## 二、如花似锦的古都

有人说，成都是一座来了就不想走的城市，也是来了就别想瘦的城市。

而我们也可以说，成都是一座让时间慢下来的城市，让文化沉淀下来的城市，让情怀涌动起来的城市。如果只用一个词语来形容成都，可以选择"如花似锦"。

成都是一座美丽的古都。古代的许多文人都对成都赞美有加，比如西晋文学家左思在《蜀都赋》中就说"既丽且崇，实号成都"，可见成都非常壮美，名不虚传。唐代大诗人李白在一首诗中，把成都描述为"九天开出一成都，万户千门入画图"（《上皇西巡南京歌十首》），可见成都风景如画。南宋大诗人陆游在《成都行》中也写道："成都海棠十万株，繁华盛丽天下无。"这三位不同历史时期的文人，都在抒发着对成都的赞美之情。

如果用花来形容成都的美，一定要选择芙蓉花。这里说的芙蓉花不是指水芙蓉，而是指木芙蓉。芙蓉花是成都的市花，成都也有"芙蓉城""蓉城"的别称，这与古都历史有着深厚的渊源。

在五代十国时期，有一个后蜀政权在成都建都。后蜀是由孟知祥建立的，所以后蜀又称"孟蜀"。这是一个短命的王朝，二世而亡。末代君主叫作孟昶，后世称之为"后蜀后主"。有人说孟昶是昏庸君主，其实这是不完全正确的。孟昶幼年继位，大权旁落，后来经历了一番斗争，才开始亲政。他在位的前期，还算是励精图治，使蜀国得到安定发展。但是，他后来逐渐奢侈，沉湎于安乐生活。例如，他所用的夜壶用珠宝装饰，这和他即位之初的俭朴生活形成了鲜明对比。

孟昶是一个爱花之人，而且偏爱芙蓉。据说，这与花蕊夫人有关。在他的后宫佳丽中，有一个妃子因美貌和才华而格外出众，她被称为"花蕊夫人"。花蕊夫人喜欢牡丹花和芙蓉花。孟昶下令在成都的城墙上遍植芙蓉树，每到秋季，芙蓉花开，满城锦绣，花香四溢，成都因而得名"芙蓉城"。

孟昶亡国以后，花蕊夫人很可能就落入赵宋的皇宫。这位花蕊夫人和皇帝赵匡胤之间的关系，引发了后人的遐想，演绎出了一些故事。据宋代王巩《闻见近录》描述，赵光义担心哥哥赵匡胤贪恋酒色，用弓箭将花蕊夫人射杀，美丽的花蕊夫人就这样结束了生命。虽然人的容颜和生命如花朵一样可以凋

第四章 中国主要古都及其文化

谢,但成都的容颜却并未凋谢,这座古都依然貌美如花。

成都不仅貌美如花,也繁花似锦,正如这里所产的蜀锦那样富丽。蜀锦兴于春秋战国,至汉代时已经誉满天下。扬雄在《蜀都赋》中用"挥肱织锦""挥锦布绣""展帛刺绣"等词汇来描绘,足见当时蜀锦和蜀绣的工艺已相当成熟。

到了蜀汉时期,蜀锦生产空前发展。诸葛亮认为:"决敌之资,惟仰锦耳!"(《太平御览·诸葛亮集》)意思就是说蜀国要战胜敌人,军需钱物全依赖蜀锦。正是在诸葛亮的鼓励和提倡下,蜀锦生产得到进一步发展。蜀国专门在成都设置了"锦官",负责管理蜀锦的生产。在成都还特别筑城来保护蜀锦生产,形成了类似于今天的工业园区,当时称为"锦官城",也称"锦里"。于是,成都就有了"锦城""锦里"的别称。唐代大诗人杜甫有诗云:"晓看红湿处,花重锦官城。"(《春夜喜雨》)宋代词人柳永在一首词中说:"地胜异,锦里风流,蚕市繁华。"(《一寸金·小石调》)透过这些诗词,我们隐约看到了一个繁花似锦的成都。

这样一座美丽而富庶的古都,当然值得人们去留恋。于是,杜甫在这里安居草堂,写下"喧然名都会,吹箫间笙簧"(《成都府》);陆游在这里优哉游哉,写下"当年走马锦城西,曾为梅花醉似泥"(《梅花绝句》)。

一些外国友人来到成都后,同样对成都的富丽发出慨叹。如意大利旅行家马可·波罗描述了成都江畔的情景:"商人运载商货往来上下游,世界之人无有能想象其盛者。"(《马可·波罗游记·成都府》)德国地理学家李希霍芬在《四川记》中盛赞:"成都是中国最大的城市之一,也是最秀丽雅致的城市之一。"

如花似锦的成都,不知在多少人的心目中留下了美好的回忆。或许,只有身处古都之中,方能真正体会到什么才是"来了就不想走的城市"。

## 三、天人化成的古都

如果用一个字来概括古都成都的文化特点,莫过于它的名字——"成"。

《易经》中说：

  观乎天文以察时变，观乎人文以化成天下。

——《易经》

  成都就是天人化成的古都。

  首先，成都是一座"天成"之都。倘若用一个词来描述成都的天然优势和地域特性，也许"天府"是最合适不过的了。天府按照字面意思来看，就是天子的府库，用来比喻某地区物产丰饶。《三国志》记载："益州险塞，沃野千里，天府之土，高祖因之以成帝业。"可见，三国时期的蜀国正是凭借"天府"的优势来立国的。

  成都的地理条件非常优越，它位于四川盆地西部，成都平原腹地，境内地势平坦，河网纵横，物产丰富，农业发达。所以，《华阳国志》中有这样的描述："水旱从人，不知饥馑，时无荒年，天下谓之天府也。"这里说"天下谓之天府也"，显然这不是一两个人在说，而是很多人都在说"天府"，表明天府作为成都平原的代称，已经得到了普遍认同。这个观念一直延续至今，只要一说起"天府"或"天府之国"，人们首先就会想到四川和成都。可以说，天府已经成为一个非常具有标志性意义的地域符号。

  成都固然有"天成"的优势，但是仅仅靠天吃饭还是不够的，成都的发展更多要靠人的智慧。我们不妨说，成都也是一座"智成"之都。

  在成都的历史上，有两个智慧人物值得铭记，第一个就是李冰。成都地区原本受岷江水患的威胁，尽管有大禹治水和鳖灵治水，但是并没有从根本上扭转水患。到了战国末期，秦国蜀郡太守李冰和他的儿子，吸取前人的治水经验，主持修建了都江堰。都江堰非常巧妙地将岷江分水引流，实现了分洪减灾和引水灌田。都江堰工程的重点部分是分水鱼嘴、飞沙堰和宝瓶口，均体现了古人的智慧力量。

  在成都，还有一位极具智慧的人物，他被后人尊为"智圣"，这就是诸葛亮。在《三国演义》中，诸葛亮草船借箭，舌战群儒，智激周瑜，借东风

第四章 中国主要古都及其文化

等等,俨然就是智慧的化身。但是,事实上,这些都是虚构的情节。那么,真实的诸葛亮是不是一个有智慧的人呢?其实,这是毋庸置疑的。从《隆中对》中对天下三分格局的分析,可以看出诸葛亮确实谋略过人。"出师未捷身先死,长使英雄泪满襟"(《蜀相》),诸葛亮不仅智慧过人,还尽忠尽责,正是这样,他才受到人们无限的敬仰。直到今天,成都人还在以不同的方式纪念这位蜀汉名相。在成都的武侯祠里,君臣合祭,刘备俨然成了诸葛亮的配角。

成都的智慧不仅表现在名人身上,还体现在名物身上。例如,成都金沙遗址中出土了很多精美的器物,这表明3100多年前的成都平原已有发达的文化,这时的人们对人类与自然的认识已经达到了相当高的境界。金沙遗址中出土了一件"太阳神鸟"金箔,这块金箔的厚度仅有0.2毫米,所镂刻出来的图案高度抽象、完美,令人浮想联翩。"太阳神鸟"具有很高的文化价值,所以被当作中国文化遗产的标志。

除了金沙遗址,成都还有战国时期就已闻名全国的漆器,汉代以后誉满天下的蜀锦,北宋时期发行的世界上最早使用的纸币——交子,等等,这都是成都智慧的体现。

成都还是一座"文成"之都。在西汉景帝的后期,成都来了一位蜀郡守,他就是"文翁"。文翁见蜀地的民风野蛮落后,就着力进行教化。他选拔了一些聪敏而有才华的郡县小官吏,派遣他们到京城,向太学中的博士去学习。几年后,这些蜀地青年学成归来,文翁让他们担任要职。

文翁还在成都修建学宫,就是今天的公立学校,把寒门子弟招收为学宫弟子。文翁通过兴办地方官学,使得成都民风得以改善,文化氛围逐渐浓郁,促进了地方教育的发展。史书说"蜀地学于京师者比齐鲁焉"(《汉书·循吏传》),可见成都文风之兴盛。

在成都的历史上,出现了许多著名的文人。有人说,成都是一个生产文豪和吸引文豪的地方。在汉代,有汉赋大家司马相如,他才华横溢,堪称当时天下第一文人。

在唐代，成都是当时的诗歌文化重心。唐代最有名的两个诗人都与成都有关，一个是从蜀地出走的诗仙李白，一个是从河南来到成都的诗圣杜甫。他们一去一来，把成都文化的魅力表现得淋漓尽致。

在宋代，成都出了苏轼和陆游。到了现代，成都出了巴金和郭沫若。这些文人要么出自成都，要么曾在成都获得创作灵感而迎来高峰期，正是他们让古都成都以文彰显。

古都成都在中国历史中有着重要的地位。在汉代，成都是长安之外的五大工商业大都市之一；在唐代，成都也是全国最重要的工商业城市之一，史称"扬一益二"。成都是我国西南地区的中心城市，是南北丝绸之路和长江经济带的交会点。无论在历史上还是今天，成都都发挥着重要的作用。成都有如此的地位，离不开"天成""智成"和"文成"。

如果结合古都文化的特点，为成都这座城市设计一个宣传口号，或许我会选择：成都，真成！

第四章 中国主要古都及其文化

# 第五章
# 中国古都文化景观

古都孕育了文化景观，而文化景观也成就了古都。城墙、粮仓、街巷、园林、佛塔、桥梁等，无一不留下鲜明的历史印记，并构筑起当代人的文化记忆。透过古都的文化景观，可以寻觅古都的文化基因与精神世界。

## 第一节 宫殿景观：北京紫禁城太和殿

在中国文化中，"九"和"五"是两个具有尊贵寓意的数字。一般认为，数字有阳数和阴数之分，奇数即为阳数，而偶数即为阴数。阳数中"九"为最高，"五"居正中，因而以"九"和"五"象征帝王的权威，称之为"九五之尊"。数字"九""五"并称，可以追溯到《周易》。《周易》六十四卦的首卦为乾卦，这是极阳、极盛之象。乾卦由六条阳爻组成，从下向上数第五爻称为"九五"。其中，"九"代表阳爻，而"五"表示第五爻。乾卦是六十四卦的第一卦，而"九五"是乾卦中最好的爻，因此"九五"居《周易》卦象之首，也就成了帝王之相。帝王的"九五之尊"在不同领域都有所体现，而宫殿建筑是突出的代表。

在中国古都中，最具代表性的宫殿建筑是紫禁城，而最能体现"九五之尊"的单体建筑是紫禁城中的太和殿。紫禁城是明清两代的皇宫，曾有24位皇帝居住于此。"紫禁城"的称谓一方面源于古人将天帝所居住的天宫称作"紫宫"，另一方面是因为皇宫乃戒备森严的"禁地"，故名"紫禁城"。紫禁城开始修建于明朝永乐四年（1406年），至永乐十八年（1420年）基本建成，距今已有600年的历史。

太和殿是紫禁城中最重要的建筑，也是中国现存最大的木结构大殿。《周易·乾卦·彖传》曰："大哉乾元，万物资始，乃统天……乾道变化，各正性命，保合太和，乃利贞。首出庶物，万国咸宁。"太和殿的名称即源于此。太和殿是仿造南京故宫奉天殿而建，初称"奉天殿"。明嘉靖四十一年（1562年）改称"皇极殿"，清顺治二年（1645年）改今名。太和殿四经火焚，四次重建，今殿为清康熙三十四年（1695年）重建后的形制。太和殿是中国古代建筑技术和艺术的集大成者，凝聚了无数能工巧匠的心血。

太和殿处处显示着帝王的"九五之尊"，具有至高无上的象征意义。首先，太和殿的布局体现了"九五之尊"。紫禁城位于古都北京的中轴线上，而太和殿位于紫禁城中轴线的南部，是中轴线上最高和最重要的大殿。太和殿具有"中""南""高"的方位特点，显示了皇权的至高无上。据研究，太和殿建筑轴心距总长度为60.13米，总宽度为33.35米，两者之比恰好为9∶5，体现了"九五之尊"。

其次，太和殿的间数体现了最高的规制。太和殿原为九间，这是古代建筑最高规格的间数。康熙年间重建太和殿时，将九间拓展为十一间，这是前所未有的突破。为什么要进行如此调整呢？这与一场火灾有着密切的关系。康熙三年（1664年），皇宫御膳房失火。大火烧向太和殿的配殿，继而顺着斜廊烧到了太和殿。当时，太和殿外侧是廊子，这意外地成了太和殿的"导火索"。因此，在重修太和殿时，为了切断这个"导火索"，就把太和殿的山墙向外堆，把山墙下檐廊子包入殿内叫夹室。太和殿多了两间夹室，好比两侧各加一道"防火墙"。于是，九间就变成了十一间。这是前所未有的宫殿单体建筑的间数，凸显了至高无上的皇权地位。

再次，太和殿的建筑造型体现了皇家威严。其一，太和殿的台基为最高等级。太和殿的台基采用三层须弥座叠加而成，称为"三台"，这是我国古代建筑台基工艺的最高等级。台基上布有龙头造型的排水兽，在汉白玉栏板和望柱上刻有精美的龙凤纹，凸显了建筑的高贵和恢宏。台基上还对称陈设日晷和嘉量，日晷是古代的计时器，嘉量里有五种计量器具，它们分别代表时间和度量衡，象征着皇权无所不统。其二，太和殿的立面符合"天圆地方"。据研究，从比例构图来看，以太和殿下檐柱顶到屋顶的距离为直径绘制一个圆形，该圆形外切正方形的对角线旋转至与地面垂直的角度后，该对角线的长度恰为太和殿建筑的高度；以太和殿建筑高度为直径画圆形，则该圆形的外切正方形恰恰占据太和殿最高与最低的四个角点位置。这说明太和殿立面

造型以"天圆地方"为依据。其三，太和殿的屋顶体现了皇家气派。太和殿的屋顶为重檐庑殿形式，这是我国古建筑屋顶等级的最高形制，彰显了建筑本身的壮观和雄伟。太和殿屋顶正脊的两端有龙头状的装饰——正吻，这是紫禁城中体量最大的正吻，由13个构件拼组而成。除了正脊两端的正吻，在大殿的每条垂脊（戗脊）上，各施垂兽（又名戗兽）1只。在垂兽前面，是一行跑兽。从前到后，除仙人之外，依次为龙、凤、狮子、天马、海马、狻猊、押鱼、獬豸、斗牛、行什，共计10只。这些脊兽也是建筑中的最高规格。

最后，太和殿的装饰体现了"真龙天子"。太和殿有72根楠木柱，其中内有6根蟠龙金漆大柱。柱上各绘制1条巨龙，龙身缠绕全柱，龙头昂首张口，好似穿云驾雾。每根柱子的下方绘有海水江崖纹，烘托出巨龙升腾的磅礴气势。在大殿中央七层台阶的高台上，设有楠木金漆雕龙宝座，这是紫禁城现存做工最讲究、装饰最华贵、等级最高、雕镂最精美的宝座。在殿内的天花、藻井、隔扇等处，有各种造型的龙纹装饰，显示着"真龙天子"的威严。殿外的炉鼎、仙鹤、铜龟吐出袅袅香烟，缭绕宫殿，气象森严。

一座太和殿是紫禁城的缩影，而一座紫禁城是帝制时代的缩影。紫禁城的皇族身影早已消散，但建筑艺术却凝固了下来。无论远观还是近赏，宫殿总能激起人们对古都的眷恋。

## 第二节　府第景观：曲阜孔府圣地

鲁哀公十六年（公元前479年）的一天，一代哲人孔子怅然离世，享年73岁。孔子生逢一个"礼坏乐崩"的时代，他周游列国却遭遇了"累累若丧家之狗"（《史记·孔子世家》）的境遇。在晚年的最后时光里，孔子经历了接连的不幸，儿子孔鲤和得意弟子颜渊先他而去，弟子子路被剁成肉醢而惨死，这让晚年的孔子异常伤感、愤恨、孤独和凄凉。从这些经历中，我们看到的不是一个圣人的光鲜华丽，而是一个平凡人的落魄恓惶。

令人欣慰的是，孔子死后，地位却被逐步抬高。鲁哀公亲诔孔子，诔文中称孔子为"尼父"。西汉元始元年（公元元年），汉平帝刘衎追封孔子为"褒成宣尼公"。此后，在不同的历史时期，孔子先后被尊为"文圣尼父""邹国公""先师尼父""先圣""宣父""隆道公""文宣王""玄圣文宣王""至圣文宣王""大成至圣文宣王""至圣先师""大成至圣文宣先师"等。

孔子的嫡裔子孙享受到了孔子带来的莫大荣光。公元前195年，汉高祖刘邦到曲阜祭祀孔子，封孔子的第9代孙孔腾为"奉祀君"。北宋至和二年（1055年），宋仁宗改封第46代孙孔宗愿为"衍圣公"，后代承袭此封号直至民国时期。1935年，改孔德成"衍圣公"封号为"大成至圣先师奉祀官"。衍圣公的主要职责是奉祀孔子、护卫孔子林庙，后来又增加了管理孔氏族人和先贤先儒等职责。封建王朝赐予衍圣公大量的土地用以配祀，还钦拨大量的户人供役使。

衍圣公的府第称为"衍圣公府"，又称"孔府"，这是孔子后世嫡裔子孙世代居住的地方。孔府始建于宋代宝元元年（1038年），后经多次重修和扩建。

孔府是中国传世最久、规模最大的贵族庄园，同时它还设有一套完整的办事机构，拥有国家承认品秩的管理人员，具有部分政权职能。孔府历数代近千年而不衰，这在中国历史上是独一无二的。

孔府位于古都曲阜城中孔庙的东侧，占地7.5万平方米。孔府为传统的"前堂后寝"格局，三路布局，九进院落。中路为宗子衍圣公居住，建筑功能区分明确，排列井然有序。前部为官衙，是衍圣公处理公务之所，有仪门、大堂、二堂、三堂、六厅等建筑。大堂用来处理公务，二堂用来会见官员，三堂用来处理家族事务，六厅是仿照朝廷六部设立的办事机构；后部是内宅，是衍圣公全家生活起居的处所，有前上房、前堂楼、后堂楼等建筑。前上房是礼

仪用房，供衍圣公会见近亲或近支族人，举行婚丧寿诞等仪式；最后是花园，有假山、水池、曲桥、水榭、花坞、亭台、花厅等，可供游憩之用。孔府建筑物原有170多座、560余间，现存152座、480余间。其中，大门、仪门、大堂、二堂、三堂、内宅门、前上房、迎恩门、家庙等为明代建筑，其他均为清代建筑。现在孔府仍保持着清末、民国初年的陈设。

由于衍圣公的主要职责是护卫孔子林庙和代表国家祭祀孔子，因而孔府保存了众多的祭祀礼器。衍圣公世代恪守"诗礼传家"的祖训，着意搜集历代礼器法物，藏品达10万余件，涉及中国古代冶炼、雕刻、纺织、绘画等方面，尤以孔子画像、元明衣冠、衍圣公及夫人肖像著称于世。孔府还珍藏有大量的档案资料，总称为"孔府档案"。孔府档案包括宫廷、政治、文书类，祀典类，袭封类，宗族类，林庙管理、属员类，以及田产、租税、财务、刑讼、庶务等门类。孔府档案是孔府400多年各种活动的实录，是中国数量最多、时代最久的私家档案，具有非常珍贵的历史价值。

孔府是孔子后裔的居所，也是儒家文化的圣地。在孔府各处的景观中，无不体现着孔子思想和儒家文化，彰显着中国传统文化的价值。下面举两个景观实例，从中可窥一二。

在孔府大门两旁的柱子上，刻有一副对联："与国咸休安富尊荣公府第，同天并老文章道德圣人家。"上联的"富"字将"宀"写成"冖"，少了一点；而下联的"章"字将"早"之"十"字出头，使"日"成了"田"。后人大多认为这是出于清代纪晓岚之手，这两个别字暗藏玄机，有特殊的寓意：前者表示富贵无顶，后者表示文章通天。其实，这很可能是后人的过度解读。在中国书法史上，上述"富"和"章"两字的写法有很多先例，确实不足为奇。不过，这般解读倒是为孔府增添了几分趣味。

孔子对富贵有着独特的认识，这对后世产生了很大的影响。孔子曾说："饭疏食饮水，曲肱而枕之，乐亦在其中矣。不义而富且贵，于我如浮云。"(《论语·述而》)他还说："富与贵，是人之所欲也，不以其道得之，不处也；贫与贱，是人之所恶也，不以其道得之，不去也。"（《论语·里仁》）孔子强调安贫乐道，将道义置于富贵之前，用道义来衡量获取富贵的手段，彰显了高于富贵的道德力量。孔府的楹联既是孔子富贵观念的反映，也是对孔府崇德家风的褒扬。

在孔府内院有一个影壁，这是另一处颇有趣味的景观。影壁上绘有一幅画，画中是一个形象突出的怪兽。它长有龙头、狮尾、驴蹄、麒麟身，张着血盆大口向太阳扑去，身下是波涛汹涌的大海。它的周围有许多宝物，甚至连"八仙"的宝物都为它所有。这个怪兽长相怪诞凶恶，生性贪婪异常，人们给它起了个名字叫"犭贪"。"犭贪"的原型很可能是"饕餮"，即中国古代传说中的贪食贪财的恶兽。孔府照壁上的这幅画绘于明代，名为"戒贪图"，意在提醒衍圣公和孔氏族人戒贪。据说，孔府请工匠绘制"戒贪图"时，还立下一个特殊的家规：每当衍圣公从内宅出来路过照壁时，跟班的差人必须高喊一声："公爷过犭贪了！"表面上是出于礼仪向外通报衍圣公要出门，实则是提醒衍圣公要以德为本，保持清廉俭朴。

孔子曾说："君子惠而不费，劳而不怨，欲而不贪，泰而不骄，威而不猛。"（《论语·尧曰》）孔子肯定人的正常欲望，但强调欲望要有节制，不加以节制就会导向贪婪。然而，人最难以战胜的恐怕就是贪欲。孔府的"犭贪"壁不仅提醒着孔氏后裔，也在警醒着所有观赏者。

孔府是古都曲阜的文化地标，更是儒家文化的中心圣地。透过孔府的一处处景观，我们不仅从中解读出了孔子思想的精妙与儒家文化的精髓，更可以从中找到为人处事的准则和安顿人生的坐标。

第五章 中国古都文化景观

## 第三节　陵墓景观：银川西夏王陵

在20世纪30年代，有一位德国飞行员叫作卡斯特，他被派往中国执行飞行任务。当卡斯特首次飞行在中国上空时，他被别具特色的山河美景吸引，当即决定将这些地形地貌拍摄下来。他不仅拍摄了许多自然风光，也记录了大量的名胜古迹。后来，他所拍摄的这些照片结集出版，名为《中国飞行》。在这本书中我们可以看到关于大西北的照片，记录了几个黄灿灿的大土堆，这就是西夏王陵。可是，当时这些照片并没有引起应有的关注。直到20世纪70年代，西夏王陵的神秘面纱才被缓缓揭开。

1972年6月，兰州军区某部在宁夏贺兰山下修筑一个小型军用飞机场，在挖掘工程地基时意外挖出了十几件古老的陶制品。它们当中有几个破碎的陶罐，还有一些形状较为规则的方砖，方砖上竟然刻有一行行天书般的文字。考古人员经过仔细的研究和测定，认为这是一个古代西夏时期的陵墓，而出土的方块字正是西夏文。从此，西夏王陵进入人们的视野，而西夏文明的谜团也引发了更多的关注。

西夏王陵又称西夏帝陵、西夏皇陵，是西夏的皇家陵墓，也是现存规模最大的一处西夏文化遗址。王陵位于古都银川西南郊的贺兰山东麓，东西宽约4.5千米，南北长10千米有余，总面积近50平方千米。这里坐落着9座帝陵和273座陪葬墓。帝陵的造型很像埃及的金字塔，因而又被誉为"东方金字塔"。这矗立在荒漠中的一座座陵墓，仿佛是西夏文化篇章的只言片语，尽管述说的不是一个完整的故事，却足以引发读者去探秘西夏王国和古都银川。

西夏是 11—13 世纪由党项人建立的一个割据政权。如果从 881 年拓跋思恭建立夏州政权算起,至 1227 年西夏国灭亡,共有 347 年的历史;如果从 1038 年元昊正式称帝算起,则有 189 年的历史。

西夏的主体民族是党项羌族,最初居住在今青海东南部、甘肃南部、四川西部三省毗连的辽阔草原上。唐朝初年,吐蕃政权从青藏高原崛起,党项羌迫于吐蕃的压力,逐渐内徙,散处在陇东的庆州(今甘肃省庆阳市)和鄂尔多斯高原南部的夏州一带。唐僖宗中和元年(881 年),黄巢起义日盛,唐朝廷被迫西走成都,下诏各地勤王。据《资治通鉴》记载,党项平夏部首领拓跋思恭"纠合夷、夏兵",起军征伐黄巢。平乱之后,拓跋思恭被封为夏国公,赐唐朝皇姓"李"。由此,党项拓跋氏军政集团取得了重要的政治地位,为后来的称帝建国打下了基础。

到了北宋时期,党项拓跋氏军政集团的领导者李继迁采取"联辽反宋"战略,被辽国封为"西平王"。1002 年,李继迁攻陷宋朝灵州(今宁夏灵武西南),改灵州为西平府。1020 年,李继迁子李德明升灵州怀远镇为兴州,又将都城由西平府迁往兴州(后更名"兴庆府""中兴府",今银川市)。

根据相关研究,西夏政权选择兴庆府建都主要有如下原因:一是地理位置适宜;二是山川形胜优越;三是农牧经济发达;四是水陆交通便利;五是城建基础尚可。兴庆府作为西夏军政中心的时间长达 207 年,由此奠定了古都银川的历史基础。

自 1038 年元昊正式称帝始,西夏历代君主皆以兴庆府为都。受汉文化的影响,西夏人创造了自己的方块文字和历法,建立了一套完整的政治体系和宗教体系。多民族文化在以兴庆府为中心的西夏域内实现了融合,造就了辉煌的西夏文化。

西夏历代帝王死后,多葬在都城兴庆府附近的王陵。明代开国皇帝朱元璋的孙子、安塞王朱秩炅曾作《古冢谣》:

贺兰山下古冢稠,高下有如浮水沤。

> 道逢古老向我告，云是昔时王与侯。
> 当年拓地广千里，舞榭歌楼竟华侈。
> 强兵健卒长养成，渺视中原谋不轨。
> 岂知瞑目都成梦，百万衣冠为祖送。

——《古冢谣》

这些感慨万千的诗句描述的就是西夏王陵，它是西夏京畿兴庆府现存最大的建筑遗址群，也是闻名遐迩的陵墓景观。

西夏王陵的选址基于三点考量：一是背山面水，依附帝都；二是地势高亢，绵延不绝；三是避风趋阳，坚固高敞。

西夏王陵从南向北可分为四个区域：一区两陵，二区两陵，三区两陵，四区三陵。每个区域内的陵墓分布相对集中。帝陵多居于近山地势较高的西侧，陪葬墓多处于地势较低的东侧；一区和四区的帝陵相邻很近，陪葬墓较少；二区和三区的各两座帝陵相距较远，陪葬墓较多。

帝陵是整个西夏王陵的重要组成部分，又是独立完整的建筑单元。帝陵坐北朝南，外部呈纵向长方形，内部结构大体相同，分为角台、阙台、月城、陵城四个部分。其中，3号陵是西夏9座帝陵中茔域面积最大、保存最好的一座陵园。以角台为边界，3号陵呈南宽北窄的梯形，在中轴线两侧对称分布着4座角台、2座阙台、2座碑亭、1座月城和1座陵城。角台是陵园的外围建筑，也是茔域范围的标志。阙台和碑亭是陵园中仅次于陵塔的高大建筑，碑亭体现了西夏王陵独有的布局特色。陵城前设置月城，这在帝王陵墓中为首次发现，也是西夏王陵独有的特色。月城至陵城之间设有神道，两侧对称排列着石像生。石像生已遭人为破坏，石雕碎块散落在地面。陵城中轴线上从南向北，依次建有献殿、墓道、墓室和陵塔。陵城两侧四面辟有陵门，南门为正门，面积较大。在各门两侧，皆有门阙型建筑。在北门台基外建有陵塔，这是陵园中最高大的建筑。值得注意的是，阙台、门阙、角阙、献殿和陵塔均为圆形建筑，并且呈奇数布局。

帝陵的陪葬墓多寡不一，墓主人一般为爵高位重的皇亲国戚或贵族官僚。在陵区内，除了个别陪葬墓的规模较大之外，绝大多数要远小于帝陵。陪葬墓分布方式多种多样，墓冢有平顶圆柱形、尖顶圆锥形、山丘形、蘑菇形等形制。

长期以来，学界有一种说法认为西夏王陵"仿巩县宋陵而作"。而事实上，西夏王陵并非简单模仿宋陵。它借鉴了秦汉以来特别是北魏、唐宋陵园的因素，既有唐风宋行，也有佛教样式。西夏王陵根据民族和地域的特点进行取舍，形成了自身的特色。这主要表现为如下几个方面：其一，规模较小；其二，结构单纯；其三，观念独特；其四，建筑不同；其五，葬俗奇异。总体来看，西夏王陵融合了汉族文化、佛教文化和党项族文化，构成了我国陵园建筑中别具一格的形式。

西夏王陵见证了西夏王朝的兴衰，也萦绕着一个时代的哀歌。1227年，经历了蒙古军的多次围城之后，都城中兴府又遭遇了一场突如其来的地震，西夏王朝走到了穷途末路，末帝李睍被迫献城投降。蒙古军携西夏降众回师，李睍及皇室宗亲被杀，死在异国他乡，最终未能入葬西夏王陵。一个王朝就这样结束了，西夏王陵进入了尘封的历史，西夏文明湮灭在茫茫的荒地。

## 第四节　园林景观：苏州馆娃宫

人们常说："上有天堂，下有苏杭。"苏州是一座可以和杭州相媲美的城市，是一座极具江南风韵的名城。说苏州是古城，几乎没有任何争议，但若说它是古都，或许就会引来质疑：苏州真的是古都吗？答案当然是肯定的。

苏州是春秋末年吴国和越国的都城，吴国在这里建都大约有42年，越国在这里建都大约有57年。当然，此后苏州也曾做过"行都"和割据政权的都城。在北宋末年，宋高宗赵构在南渡时，一度以平江府（也就是苏州）为"行都"，大概有10年；到了元代末年，张士诚在苏州曾建立割据政权大周，持续了12年。所以，总体上来说，苏州可以称得上是百年古都。

在历史上，苏州曾以吴、吴大城、阖闾大城、吴郡、吴州、平江等不同称呼出现。在隋朝时，才有"苏州"的称呼，而从明代至今，一直沿用着"苏州"这一称呼。

苏州还有一个典雅的别称，就是"姑苏"。唐代诗人张继有一首《枫桥夜泊》："月落乌啼霜满天，江枫渔火对愁眠。姑苏城外寒山寺，夜半钟声到客船。"这里说的"姑苏城"就是苏州城。

那么，"姑苏"是怎么来的呢？这与"姑娘"和"姑姑"无关，但可能与一个传说有关。传说上古时期的大禹在太湖地区治水，他有一个很得力的助手，名为"胥"。胥因为辅佐大禹治水有功，在水退之后就被封到今天苏州这块地域上，从此以后这个地方就称为"姑胥"了。"姑"是当地的土语，是一个语气助词，常用在名词之前，没有实际意义。而在古代吴楚地区，"胥"与"苏"同音，于是，"姑胥"就渐渐演变成了"姑苏"。当然，关于"姑苏"的由来，还有许多其他不同的说法，我们不再一一列举。

苏州不但名字典雅，内在气质更典雅。这种典雅离不开婉约秀丽的自然山水，也离不开别具韵味的古典园林。这里素有"江南园林甲天下，苏州园林甲江南"的美誉。苏州有着非常悠久的园林历史，而早期的园林与古都有着密切的联系。

在春秋末期，吴王阖闾在姑苏山上筑造了"姑苏台"，这是苏州建造园林的开始。后来，吴王夫差又对姑苏台加以扩建整修，使之成为宏伟而华丽的园林。

据说，夫差调动了大量人力和物力来修建姑苏台。当时建筑所用的木材源源不断地向姑苏山上输送，居然拥堵了山下的河流港渎，并形成了一处叫作"木渎"的地方。姑苏台的修建耗费了民力和巨资，削弱了吴国的国力，也为后来的勾践灭吴埋下了伏笔。夫差不但修建了姑苏台，还在砚石山上修建了"馆娃宫"。当时吴人称美女为"娃"，而馆娃宫就是美女的居所。其实，馆娃宫也是一座园林。那么，这里住着什么样的美女呢？

相传，在越国苎萝山下有一个卖柴的人，家里有一个天资美丽的女儿。她自幼在江边长大，经常随母亲"浣纱"，人称"浣纱女"。勾践派人找到了这位美女，用三年的时间对她进行苦心培养。后来，勾践将她献给了吴王夫差，夫差禁不住诱惑，整日沉迷于美色，最终身死国亡。而这个美女也很不幸，落个沉落江水的结局。这位美女就是著名的西施，而背后的历史事件就是"勾践灭吴"。

当然，关于西施的故事还有很多，这只是其中一个最常见的版本。那么，西施真的存在吗？她真的被卷入了吴越这场斗争吗？据《管子·小称》记载，"毛嫱、西施，天下之美人也"。倘若这真是管仲写下的话，那么，西施至少在吴越争霸前的150年就已经存在了，而勾践"美人计"的主角就不可能是西施，而是后人"张冠李戴"了。

如果说《管子》的记载不可信，那么，西施倘若参与了勾践灭吴这么大的一个历史事件，不太可能在当时没有留下一点儿记载，即便是后来的《史记》中也无任何记载，这是很可疑的。而在勾践灭吴的500多年后，西施才出现在东汉赵晔的《吴越春秋》当中，而这部书介于历史与小说之间，它的真实性是要大打折扣的。

根据一些史籍的记载可以确认，在春秋战国时人的观念中，西施是一个公认的美女，或者说，她已成为了一个美丽的符号。很有可能的就是，后人巧妙地"运用"了这个美丽符号，把"西施"移植到了勾践灭吴的故事中。

到了唐代，许多文人纷纷歌咏西施。李白诗云："姑苏台上乌栖时，吴王宫里醉西施。"（《乌栖曲》）王维咏叹："艳色天下重，西施宁久微。朝为越溪女，暮作吴宫妃。"（《西施咏》）在诸多的诗歌中，西施的故事得到

广泛流传,西施的形象仿佛也在人们的头脑中定格。就这样,西施与苏州变得密不可分。

苏州早期的这两座园林——姑苏台和馆娃宫,见证了吴越争霸的历史风云,也被附加了西施这般美丽的传说。如同许多其他古都景观一样,它们在历史中消失了,但又在记忆中重建了。

在今天苏州城的西部,有一个木渎古镇,就是前边提到的那个"木渎",它是一个与苏州同龄的水乡古镇。作为苏州和太湖的交通枢纽,木渎是名副其实的太湖门户,在明清时期这里曾是苏州城西最繁华的商埠。如今,这里已成为著名的古镇景点。

木渎镇西北有个灵岩山,这里有"江南山水甲天下,三分秀色在灵岩"的美誉。灵岩山上有座灵岩寺,人们把这里视为馆娃宫的遗迹。灵岩寺西部有个花园,俗称山顶花园。园内有浣花池,相传西施在这里泛舟采莲;有玩月池,相传西施在此赏月;有吴王井,相传为馆娃宫遗井,西施在这里映照面容;有"长寿亭",相传西施在这里梳妆打扮;在灵岩寺之西又有琴台,相传这是西施弹琴的地方。这些后人建造的景观,一一寄托着人们对那段历史和传说的美丽遐想。

馆娃宫虽已成为往事,但仿佛又在眼前。早期苑囿虽已不在,但后代园林却有幸存留至今。沧浪亭、狮子林、拙政园、留园、网师园、怡园等,让苏州与园林不断续缘。也许,苏州就是园林,而园林就是苏州。

## 第五节 城墙景观:南京中华门

2016年,西安市旅游局发布了一条微博:"西安城墙,是孤独的,它的那些老伙计们：北京城墙、南京城墙……早就灰飞烟灭。"这条微博引起南京网友的不满，有网友评论道："咋回事，南京明城墙咋就说没就没了呢？"随后，西安城墙和南京城墙展开了"隔空对话"，引发网友热议。这场争议的背后，其实是人们对古都城墙的热爱。

城墙是古都的重要遗存，是古都文化的重要载体。在许多人的观念中，似乎只有看到了城墙，才会真切感受到古都的历史存在和文化风采。那么，我们该去哪里欣赏古都城墙呢？

在中国古都中，保存相对较好，并且知名度较高的城墙有三座，分别是南京城墙、西安城墙和开封城墙。其中，南京城墙是中国现存规模最大的城墙，也是世界第一大城垣。南京明城墙有四重城墙，即宫城、皇城、京城和外郭城，而今天我们能够看到的是京城城墙。据相关机构的测绘，地面遗存的南京城墙长度为25.782千米。

这一方城墙始建于元代末期，在明代初期才建成，前后历时27年，至今已有600多年的历史。南京城墙历经战争和风雨的洗礼，尤其是在现代化建设的历程中，发生了很多变化。或许，唯一不变的就是它的轮廓。

有趣的是，南京城墙轮廓看起来像一个脸部形象，有人说这就是明太祖朱元璋的脸型"鞋拔子脸"，甚至有网友调侃说朱元璋也太自恋了！或许，这仅仅是一个巧合。其实，城墙是依据南京特有的地形地貌，创造性地将南京的"山"与"城"、"水"与"池"融为一体，体现了古都与自然环境紧密结合的特点。

当年，朱元璋从全国征调大量的工匠，耗费大量人力和物力来建城墙。城墙用的是条石和砖头，采用糯米汁、石灰、桐油搅拌成黏合剂，逐层叠加砌成。大块儿的城墙砖，每块长40—50厘米，宽20厘米左右，厚10厘米上下，每块重量15—20千克不等。墙砖的颜色大多为青灰色，也有纯红色、浅红色、白色等。墙砖主要来自长江中下游地区，范围覆盖了今天的五个省，即江苏、江西、安徽、湖南、湖北。由此可见，城墙筑造的工程量是非常大的。

这些城墙砖的质量如何呢？有人说，明代城墙是古代最坚固的城墙。为什么敢这么说呢？我们不妨看一看墙砖的"产品说明书"。南京城墙的墙砖上刻有生产信息，除了烧制的时间和地点之外，还有监造官、烧窑匠、制砖人、提调官的名字信息。

当时，从全国各地运到南京的城墙砖，都会受到严格的检验。一旦出现偷工减料问题，很容易根据砖上的信息去追责。这种"责任到人"的监督制度，有效加强了制砖工序的管理，确保了城砖质量不出问题。可以说，这种精细的问责制度在中国建筑史上绝无仅有，放眼全世界也是极为罕见的。

对于一座城墙来说，不仅墙体值得观赏，城门和城门楼也很值得一看。"城门城门几丈高？三十六丈高。骑大马，带把刀，走进城门里操一操。"不知道多少辈的南京人在童年时吟过这段童谣。

其实，说起南京的城门，老南京人可以掰着手指为你数出个"里十三、外十八"。"里十三"指的是京城的城门有13个，而"外十八"是指外边城郭的城门有18个。

清代小说家吴敬梓在《儒林外史》中记载了南京的13座城门，他编了一个顺口溜，这里分别出现了三山门、聚宝门、通济门、正阳门、朝阳门、太平门、神策门、金川门、钟阜门、仪凤门、定淮门、清凉门、石城门。其中，聚宝门、神策门、清凉门和石城门至今犹在。如果我们去南京看城墙，一定要去看一看这历尽沧桑而遗存下来的城门。

在南京，我们会发现这样一个现象，南京人提及南京市区的某处区域时，往往用城门来表述。比如："你住在哪里啊？""我住在光华门！""你去哪儿啊？""我要去中华门！"从类似对话中我们可以看出，城门作为地理坐标或者说是文化符号，对南京人的生活产生了很大的影响。

那么，城门和城门楼有哪些看点呢？我们不妨以中华门为例来看一看。中华门是中国现存规模最大的城门，也是世界上保存最完好、结构最复杂的堡垒瓮城，有"天下第一瓮城"之称。

中华门曾经是南唐国都江宁府和南宋陪都建康府城的南门，明朝洪武年间扩建成"聚宝门"。1931年，国民政府将"聚宝门"改名为"中华门"。在城门主楼的牌匾上，题刻有"中华门"三个字，这是由蒋介石亲自题写的。

中华门有前后三道瓮城和四道拱式门券，整个形状呈现"目"字形结构。什么是瓮城呢？瓮城就是在主城门的里边或外边，加建一道或多道圈城，形状就好像是古代盛水的陶瓮。瓮城可以增强防御的纵深层次，有利于歼灭犯敌。古代有一句成语叫"瓮中捉鳖"，知道了这个成语，也就理解中华门瓮城的作用了。

中华门的每道瓮城原来都有一门一闸，门是双扇包铁门，门闸是可以上下启动的千斤闸。可惜的是，今天只见城门，而不见门闸了。不过，门闸的痕迹犹在，在城门洞的两侧，从底到顶有宽20余厘米的石槽，这就是当年用来升降千斤闸的设置。

为了加强军事防御，瓮城上下和左右马道设有藏兵洞，据估计可容纳3000人。这些藏兵洞对于军需物资的储备和兵源的设伏，都十分重要的作用。另外，在瓮城的东西两侧筑有宽10余米的马道，马道陡峻壮阔，是战时运送军需物资登城门的快道。

通过以上的描述，我们可以看出，中华门布局严整，构造独特，充分展示了古都的军事文化和建筑文化。可以说，以中华门为代表的南京城墙，继承了中国古代城垣建筑的传统，吸取了中国历代筑城技术的精华，集中国古代军事防御工程技术之大成，堪称中国城垣建筑史的典范。

如今，南京城墙历尽岁月沧桑，已成为南京最具知名度和影响力的文化名片。当我们驻足凝视它的时候，依稀能够感受到来自几百年前的历史气息和文化力量。在现代社会，城墙作为古都军事屏障的作用已经弱化，但作为文化景观的意义正在充分彰显，留给我们的既有珍贵的文化记忆，也有无限的文化遐想。

第五章　中国古都文化景观

## 第六节 街巷景观：开封御街

"街巷"是一个熟悉的词汇，它不仅凝固在语言中，更是活跃在生活中。每天在大街小巷上，有人逛街，有人跑街，有人舞街，有人扫街，也有人在骂街。可以说，街巷是一个最富有生活气息的地方。对一座城市来说是这样，对一座古都来说也同样如此。

说起古都的街巷，很多人可能首先想到北京胡同，但其实还有另外一座古都，在这里也有许多街巷胡同，而且它的街巷文化远比北京还要悠久，这座古都就是开封。

在北宋开封，城市格局发生了重要的变化，这对中国古代城市的发展具有深远影响。这个变化是什么呢？这就是：从封闭式"里坊制"到开放式"街巷制"的转折。因为有了这个转折，街巷在城市结构中的地位凸显了出来，街巷不但是最具活力的城市空间，也是最能反映城市特色的文化景观。

那么，我们说的这种"转折"是怎么实现的呢？这要从唐代中后期说起。随着城市商品经济的发展，唐代中期以后，开封城内出现了占街建房、坊内开店、开设夜市等现象，这就慢慢地破坏了原来的里坊制。

在当时，这种沿街"占道经营"的现象叫作"侵街"。政府原本是不允许"侵街"的，但在与老百姓博弈的过程中，管理逐渐松弛了下来。在五代的后周世宗时期，明确规定允许街道的两侧种树、挖井、修盖凉棚，这就为"侵街"打开了方便之门。

到了北宋时期，"侵街"现象越来越普遍。宋真宗时期动真格去制止，但是也没能扭转这个局面。到了宋徽宗时期，干脆征收"侵街房廊钱"，这等于承认了占道经营的合法性。伴随着"侵街"现象,坊墙渐渐拆除了,沿街商铺渐渐多了,而街巷生活也就更丰富了。于是,形成了《清明上河图》中所描绘的街市景象。

根据相关研究,北宋开封的街巷具有了不同于以往的新特征。

首先,街巷具有"地标性"。随着坊墙的倒塌,里坊观念逐渐弱化了,人们开始用街巷的名称来标示地理位置,于是街巷就承载了城市地标的功能。

其次,街巷具有"商业性"。街巷是当时日常购物和休闲娱乐的重要场所,如街巷两侧有邸店、客栈、店铺、茶坊、酒肆、妓馆等。更值得注意的是,当时有了"夜市"和"早市",有了以商业闻名的街巷,还出现了临街房屋租赁的现象。如果说开封是繁华的,那么,这种繁华最直观的体现就是街巷了。

另外,街巷还具有一定的"公共性"。街巷作为一个开放性的空间,是当时各阶级和阶层可以共享的城市空间。尤其是在特殊的节庆活动中,街巷上活跃着各类人群,有非常丰富的民俗活动,当时的统治者也有意营造"与民同乐"的氛围,这样就使得街巷成为统治者塑造亲民形象的一个重要空间。

总之,开封街巷所体现出来的"地标性""商业性"和"公共性",这是北宋这个时代所赋予的,它打上了这个时代的鲜明烙印。

街巷在日常生活中扮演着重要角色,走街串巷便成了最常见的生活场景之一。如宋代文人梅尧臣在一首诗中有这样的描绘:

红尘夜不息,横衢若烟雾。

朝见车马来,暮见车马去。

——梅尧臣《夜与邻几持国归》

高车大马,红尘滚滚,这是诗人眼中的街巷景观。

在开封的街巷上,还曾上演过浪漫的邂逅场景。在北宋,有一位词人叫作宋祁,他与哥哥宋庠都是名人,有"大宋""小宋"之称。有一天,宋祁在街上遇见了宫中的车仗,车内有一宫女掀开轿帘,正好看到了宋祁,就叫了一声"小宋"。没等宋祁说上话,宫女已随车远去。宋祁心中思念,便作

了一首词《鹧鸪天》："画毂雕鞍狭路逢，一声肠断绣帘中。身无彩凤双飞翼，心有灵犀一点通。"这首优美的词作很快传遍京城，皇帝宋仁宗成人之美，将宫女赐给了宋祁。这场街巷情缘，既催生了一首绝妙好词，也成就了一段文坛佳话。

在北宋开封城内有众多的街巷，而规格最高的要数御街。御街是皇帝的御用街道，宽一百丈左右，相当于二百余步的宽度，是城内最宽的街道。从宫城的正门楼"宣德楼"一直向南到朱雀门，这是一条南北向的御街，是当时景观最美的街道。

御街的绿化和美化做得很好。据《东京梦华录》记载，御街两侧有御沟，其中种植莲花，两侧有桃李杏梨。御沟以外有御廊，这是平民活动的区域，临街有店铺，百姓买卖其间，热闹非凡。每逢皇帝出游，举办皇家典礼或节庆活动，御街一带有众多百姓争相观看，呈现出一派热闹的景象。御街有花团锦簇，也有皇家威严，更有民间的热闹氛围，这里就是开封最靓丽的景观带。

御街不仅是景观带，还是最重要的城市中轴线，而这条中轴线延续了千年，所以，开封是一座城市中轴线从未变动的城市。

当然，今天的御街已不是宋代的御街，由于"城摞城"的原因，宋代的御街已沉睡在今天御街的地下。今天的御街虽没有宋代的建筑遗存，但街道两旁的仿宋景观仍值得观赏。御街南端有牌坊，两侧有角楼对称而立，楼阁店铺鳞次栉比，体现着浓郁的宋都宋韵。漫步御街，不禁令人对昔日的宋都繁华产生无限的遐想。

除了御街，今天的开封还有许多街巷胡同。少数街巷有宋代街巷的踪影，更多的是明清和民国时期遗存下来的。在开封民间，一直流传着"七角八巷七十二胡同"的说法。书店街、马道街、双龙巷、刘家胡同等，已经成为开封重要的旅游街区，它们不仅承载着古都开封的历史记忆，也在传播着古都开封的旅游文化。

## 第七节　仓储景观：洛阳回洛仓

中国有一句古话："民以食为天。"粮食无疑是维系生存的重要保障，对于个体来说如此，对于国家来说也同样如此。在隋朝时期的洛阳，曾经坐落着几个大型的粮仓，用来维系国家的粮食安全。其中，有一座粮仓叫作"回洛仓"，它被称为"大运河上第一仓"。那么，为什么回洛仓会有这样的美誉呢？回洛仓与大运河和古都洛阳，又是什么关系呢？这就要从隋朝建都说起。

隋朝最初建都大兴城，也就是今天的西安。大兴城的位置偏西，供给京师的漕运不畅通。隋文帝杨坚在位时，由于关中地少人多，粮食供应一度出现困难。为了减少粮食问题的困扰，同时也为了加强对河北、山东以及江淮地区的控制，隋炀帝杨广在继位之后，决定建造东京洛阳城，并开始大运河的开凿。

在隋朝大业元年（605年），东都洛阳和大运河两项国家工程启动。当年，大运河的通济渠和邗沟疏通，从洛阳到扬州全线通航。608年，沿洛阳向着东北方向开凿了永济渠，沟通了沁河、淇水、卫河，通航至涿郡。涿郡，就是今天的北京。610年，继续开凿江南运河，使得镇江至绍兴段通航。至此，总长2700千米的大运河全线贯通。

大运河沟通了中国的海河、黄河、淮河、长江、钱塘江五大水系，串联了今天的洛阳、北京、开封、商丘、淮安、扬州、镇江、绍兴等城市，这都是当时重要的区域中心城市，这样就便利了各地区之间的联系。可见，大运河是中国古代最早的南北交通大动脉。

大运河不仅是交通之河、灌溉之河，它还是一条重要的"运粮河"，为

都城洛阳的粮食供应提供了保障。对于洛阳而言，大运河就是生命线，倘若切断了大运河，就意味着失去了漕运物资；而粮仓就是救命草，倘若丢失了粮仓，就意味着很多人要饿死。所以，为了都城的安全稳定，既要保证大运河的供给畅通，又要保证粮仓的安全储备。

隋朝政府在洛河边曾建造了三座大型的仓城。仓城就是里边有粮仓，用来储备粮食，而外边筑城来保护粮仓，仓和城是一体的，两者密不可分。这三座仓城分别是回洛仓城、含嘉仓城和洛口仓城，它们是国家重要的粮食储备基地，蓄积了当时全国一半以上的税粮。这些粮食大多是通过大运河不断周转，最终运到了洛阳。

在这三座大型粮仓中，回洛仓是大运河上建设最早、规模最大的国家粮仓。在隋朝末年的战争中，由于回洛仓的地位非常重要，因此它成为起义军的重要军事目标，在这里曾经上演了多次争夺战。

许多人看过小说《隋唐演义》，或者看过电视剧《隋唐英雄传》，或者听过"瓦岗寨起义"的故事，这都离不开一个人物——李密。

李密出身于官僚贵族家庭，但对朝廷不满，参与了好朋友杨玄感的起兵反隋计划。他给朋友指出了三条路，上策是袭取涿郡，中策是攻占长安，下策是攻打洛阳。杨玄感却偏偏选了下策，结果起义失败，李密成为阶下囚。但幸运的是，李密在押送途中逃了出来，逃到了位于今天河南滑县的瓦岗寨。

李密为什么去瓦岗寨呢？因为那里有一支农民起义军，并且在当时已经有了一定的影响力。有趣的是，当时瓦岗寨的首领翟让也有类似的逃犯经历，两个逃犯走到了一起，要携手共同"创业"。李密逐渐得到翟让的赏识和重用，实力和威望与日俱增。后来，他甚至取代了翟让的地位，这就是后话了。

在大业十三年（617年），李密率领瓦岗军长途奔袭"洛口仓"。洛口仓又称"兴洛仓"，位于洛水入黄河的交汇口。洛口仓是大运河沿线的一个大型的中转粮仓，许多漕粮就是经由这里中转，然后运往洛阳城。这里储备有大量粮食，所以才吸引了瓦岗军。

在夺取了洛口仓的粮食以后，瓦岗军有了更大的底气。李密被拥戴为主，国号叫作"魏"，李密称"魏公"。在建立了政权之后，瓦岗军又进一步向洛阳城发起进攻，并拿下了回洛仓。

回洛仓是中心粮仓，这里储备的粮食是最多的。隋军当然不甘心失去，双方就此展开了拉锯战，而瓦岗军先后三次占据了这里。

继隋军与瓦岗军的拉锯战之后，李唐军队和王世充的临时政权"郑"朝军队，也在回洛仓展开了争夺战。620年，李世民大举东征。李世民告诉部下，想要剿灭王世充，必须占领回洛仓，同时截断大运河，把粮道给切掉。最终，李世民胜利了，而回洛仓却在战争中毁弃了。

回洛仓虽然存在了短短10余年，但作为大运河畔最大的国家粮仓，它发挥了非常重要的作用。

历史事件虽已日渐远去，考古遗址却逐渐清晰。考古发掘和研究表明，回洛仓的仓城是一个长方形，东西长约1000米，南北宽约355米，仓城面积相当于50个标准足球场那么大。仓城由管理区、仓窖区、道路和漕渠组成。仓城里整齐排列着700多个仓窖，储粮的能力十分惊人。在1400多年前，各地的漕粮就是沿着大运河抵达洛阳，再沿着瀍河北上，在回洛仓进行储备。

那么，粮食该怎样保存呢？当时的粮食保存主要依靠仓窖。回洛仓的仓窖在地下，呈一个缸的形状，口是大的，而底是小的。为了防水隔潮，仓窖的内壁经过了细致处理：先用火烤干，再抹上一层青膏泥，然后铺木板，木板上再铺苇席。这样的储粮技术，在当时的历史条件下，就算是很先进了。

回洛仓不但技术先进，管理也比较规范。据出土的铭文砖记载，仓窖有专门的管理机构，叫作"太仓署"。铭文砖还记载了储粮的数量、粮食的来源、仓窖的位置、粮食入窖的时间，以及各地与回洛仓粮食有关的官员姓名等信息。

这就是洛阳的回洛仓。透过回洛仓遗址，我们仿佛看到了一个富足的古都，也看到了一个残破的古都；看到了一条畅通的运河，也看到了一条堵塞的运河。历史和文化在这里沉淀了下来，也活跃了起来……

第五章 中国古都文化景观

## 第八节　桥梁景观：兰州黄河铁桥

说起兰州，人们可能首先想到的是兰州拉面，很少有人会把兰州和古都联系起来。而事实上，兰州曾是十六国时期西秦和隋朝末年西秦的都城。当然，由于这是地方割据政权的都城，而且建都时间又很短，总共不足20年，所以，人们对兰州的古都历史有所忽略。

兰州历来是东西交通的要冲，是中原与西域往来的必经之途，是丝绸之路上的战略节点。更值得注意的是，兰州是一座真正意义上的黄河上的古都。今天，我们会看到黄河在兰州穿城而过，黄河似乎成为兰州人生活中不可割舍的一部分。而在遥远的过去，黄河却是这里难以逾越的天然障碍。民间有句歌谣："隔河如隔天，渡河如渡鬼门关。"可见，黄河曾经对兰州造成了极大的不便。那么，兰州是怎样跨越了黄河天险呢？

早在公元前81年，也就是西汉昭帝时期，为了巩固在西北的统治，朝廷在今天兰州的黄河南岸设置了"金城郡"，金城的寓意是城池固若金汤。到了385年，鲜卑族的乞伏氏建立了割据政权，国号为"秦"，历史上称之为"西秦"。西秦一开始建都甘肃的榆中，在388年的时候，迁都到了金城。而到了隋朝的时候，隋文帝开皇三年（583年），改金城郡为兰州，设置了总管府。因为城南有皋兰山，所以名为"兰州"。西秦政权在控制兰州的时期，为了加强黄河南北的交通联系，在今天兰州附近永靖县的黄河上建了一座木桥。据《水经注》记载："河上作飞桥，桥高五十丈，三年乃就。"这座木桥非常高，五十丈就相当于现在的120米以上，当然这可能有夸张的成分，但毕竟它是当时一座很高的桥，所以称为"飞桥"。

这座桥延续使用长达数百年，西行印度取经的法显和玄奘，以及大量的官员、使节、商人和旅游者，可能都是经由此桥跨越了黄河，再经过河西走廊，前往西域。直到1099年，西夏王李乾顺为了阻止宋朝军队的进攻，将此桥付之一炬。至今，在炳灵寺附近黄河岸边的石崖上，仍留有当年架桥所凿的孔眼遗迹。

没有了桥，人们怎样渡河呢？那就继续用传统的办法，乘坐羊皮筏子或搭建浮桥。到了明朝初年，出于平定西部的军事需要，在黄河上多次建了浮桥。据明代徐兰《河桥记》载，洪武五年（1372年），大将军宋国公冯胜奉命西征，守御指挥佥事赵祥在兰州城西七里处建浮桥以方便军队过河，这是兰州地区最早的黄河浮桥。但是，打仗结束后浮桥就被拆除了。洪武九年（1376年），卫国公邓愈率军平定河西，在城西十里建浮桥以运送粮饷，将其命名为"镇远浮桥"。洪武十八年（1385年），兰州卫指挥佥事杨廉将浮桥移至"河水少缓，近且易守"的金城关下，除了军事用途之外，这座黄河浮桥也成了黄河历史上第一座可供民众过河的浮桥。明代的五朝元老马文升曾说："陕西之路可通甘、凉者，惟兰州浮桥一道，敌若据此桥，则河西隔绝，饷援难矣！"可见，浮桥的建成，对于改善西北交通和巩固西北边防，起到了非常重要的作用。

当年在建造镇远浮桥时，用20多只大船排列在黄河之上，船与船之间用檩木相连，上面铺上木板，木板之上又加有围栏。滚滚的黄河水将大船冲成月牙形状，场景颇为壮观。这就是兰州的古"八景"之一——降龙锁蛟。

当时为了固定浮桥的铁索，在两岸铸造了四根粗大的铁柱，铁柱长一丈多，有数吨重，上边还铸有年号和铸造人的信息。如今，在兰州的黄河南岸伫立着一根铁柱，这就是从黄河泥沙中挖掘出来的镇远浮桥的铁柱，距今已有600多年的历史。它虽已锈迹斑斑，但仿佛仍在诉说着浮桥的往事。由于这根柱子是由大将军邓愈所铸，民间便称之为"将军柱"。

在今天的"将军柱"的北侧，坐落着一座铁桥，由于铁桥的出现，镇远浮桥便退出了历史舞台。那么，为什么要建造铁桥呢？这座铁桥又对兰州产生了什么样的影响呢？

镇远浮桥虽然发挥了很大的交通作用，但是这种作用仍然是有限的，它肯定不如固定的桥梁便利。由于季节性的原因，浮桥要在每年十一月份黄河结冰前拆除。在冬季黄河结冰时，行人和车马要过黄河就只有靠"冰桥"。待河冰消融，还要重新搭浮桥，既耗资又费力。因此，早日在兰州黄河上建筑一座一劳永逸的坚固大桥，日益成为人们的迫切愿望。

在清朝后期，左宗棠任陕甘总督时，产生了在兰州黄河上造桥的想法，但是由于各种原因而搁浅了这个计划。到了1900年，陕甘总督升允与兰州道台彭英甲一起在兰州实施新政，他们把左宗棠未尽的建桥计划再次提了出来。他们设想利用西方的先进技术，建造一座永久性的铁桥。于是，1906年，他们联名向清政府打报告，最终得到了批准。

1907年，铁桥建设正式开工。当时，由于国内科技落后，桥梁建筑的主要材料从德国进口，桥梁设计由美国和德国的工程师来负责，兰州道台彭英甲则负责监修。整个兰州铁桥的建造历时3年，花费了30多万两银子，在风雨飘摇的清末实施这样一座耗费巨资的工程，实属不易！这座铁桥初名"兰州黄河铁桥"。桥建成后，两边建了两座分别刻有"三边利济"和"九曲安澜"的大石坊。

兰州黄河铁桥建成以后，铁桥取代了镇远浮桥的地位，使黄河上游第一次出现了天堑变成通途的壮观景象。这是兰州的第一座铁桥，也是5400多千米的黄河上的第一座铁桥，因此有"天下黄河第一桥"的美誉。

1928年，为纪念孙中山先生，由当时的甘肃省主席刘郁芬手书的"中山桥"匾额，被悬挂于铁桥南面的牌厦上，"兰州黄河铁桥"从此改名为"中山桥"，并沿用至今。1937—1943年，铁桥成为抗日战争中连接内地与西北的军用物资通道，曾经遭到日本飞机疯狂轰炸。铁桥虽然身受重伤，但并未被炸毁，依然保存了下来。1954年，人民政府整修加固了铁桥，并增加了弧形的钢架拱梁。2004 年，铁桥不再通车，改为步行桥。今天，兰州黄河铁桥依然在延续使用，并已经成为兰州的标志性文化景观。

兰州黄河铁桥与镇远浮桥的铁柱，经雨雪而沐风霜，目睹了滔滔黄河上的熙熙人流，见证了古都兰州的历史沧桑。

## 第九节　塔阁景观：大理千寻塔

在我国的西南地区，有一座美丽的古都，那里有"风花雪月"。风是下关的风，花是上关的花，雪是苍山的雪，月是洱海的月。这座风花雪月的古都就是大理。如果说，"风花雪月"体现的是大理的自然景观，那么，"妙香佛国"则体现的是大理的文化风采。大理为什么有"妙香佛国"的美誉呢？这与古都又有什么联系呢？让我们先从南诏国说起。

唐宋时期先后有六个政权在大理建都，分别是南诏、大长和、太平兴国、大义宁国、大理、大中国。所以，大理称得上是"六朝古都"。在这六朝之中，有四个是短命政权，另外两个存在时间比较长，历史影响也比较大，它们是南诏国和大理国。

在唐朝初期，洱海地区有六个比较大的邦国，当时那里称"王"为"诏"，所以，历史上称之为"六诏"。在"六诏"之中，有一诏的始祖叫蒙舍龙，所以这个诏叫作"蒙舍诏"。因蒙舍诏位于其他五诏的南部，故而又称为"南诏"。

南诏的第四代王叫作"皮逻阁"，他在唐朝的支持下统一了六诏。传说，皮逻阁曾在松明楼设下"鸿门宴"，以祭祀名义邀请其他五诏的头领来赴宴。其中，邓赕诏首领的妻子叫白洁夫人，她猜到这是一场阴谋，就劝说丈夫不

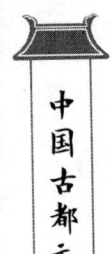

要赴宴。但丈夫执意不听,她便送给丈夫一只铁镯。结果,皮逻阁火烧松明楼,白洁夫人的丈夫葬身火海。白洁夫人根据铁镯,在废墟中用双手挖出了丈夫的尸体,鲜血染红了她的双手。后来,皮逻阁想娶白洁夫人为妻,白洁夫人假装答应,回去以后为丈夫守孝百天,随后跳入洱海自尽。皮逻阁钦佩她的忠贞,为她建庙立祠。人们为了纪念白洁夫人,就把每年农历六月二十五定为白族的火把节。白族妇女在火把节这一天,流行用凤仙花染红指甲,据说也是为了纪念白洁夫人。

经过残酷的斗争,南诏王皮逻阁统一了六诏。739年,他将王都从巍山迁到了大理,当时称为"太和城"。这就是大理最早的都城。后来,南诏国又迁都"大厘城"和"羊苴咩城",它们都位于大理地区。

到了后晋天福二年(937年),后晋的通海节度使段思平在羊苴咩城定都建国,国号"大理"。此后,大理国长期存在,直至1253年,大理国为蒙元所灭。

大理国存在了300余年,其间段氏共有22位帝王,而其中9位帝王选择了出家为僧。当然,帝王出家,在生活上的享受是不同寻常的。野史记载大理国有民谣:

> 帝王出家,随臣一邦,嫔妃一串,素裹红妆。出家犹在家,举国敬菩萨,早晚拜大士,禅室如世家。
>
> ——《淮城夜语·后理国王多为僧》

这里生动地描绘了帝王出家这一特殊的历史现象。

那么,为什么帝王要出家呢?一方面是政治权力斗争迫使他们出家,另一方面是因为当时盛行佛教。

大理地处西南地区的交通要塞,是茶马古道的重要节点,得天独厚的地理优势不仅使这里商贾云集,也促进了宗教文化的交流。这里不但有南传佛教、北传佛教、藏传佛教的相融共生,还诞生了佛教密宗的一支——阿吒力教。所以,这里有"佛国""妙香国"之称。

从南诏国以来，大理地区一直盛行佛教。在大理国时期，佛教有了进一步发展。当时的大理，从上到下都崇信佛教，形成了浓郁的佛教文化氛围。正是在这样的时代背景下，出现了大理国皇帝出家为僧的现象。

金庸先生有一部武侠小说《天龙八部》，其中有风流倜傥的"段正淳"，还有武功神奇的"段誉"。其实，他们都是有历史原型的。"段正淳"是大理国第十五位皇帝，他的儿子不叫"段誉"，而是叫段正严。段正严是大理国历史上最长寿的皇帝，也是在位时间最长的皇帝。他们父子都有出家的经历。

那么，这些皇帝去哪里出家呢？很有可能去了崇圣寺。崇圣寺建于南诏国时期，是大理最壮观的佛寺。据《南诏野史》记载，崇圣寺"基方七里，周三百余亩，为屋八百九十间，佛一万一千四百尊"，可见寺院规模非常庞大。不过，遗憾的是，随着太平天国运动的失败，崇圣寺在战火中被毁，唯独有三座塔奇迹般地保留了下来。

崇圣寺三塔呈品字形，位于中间的大塔叫作"千寻塔"。千寻塔的高度近70米，共有16层，是一座方形的密檐式砖塔。千寻塔无论在建筑技术上，还是在造型艺术上，都与中原古塔有着密切联系。通过与西安小雁塔、登封永泰寺塔、洛阳白马寺塔的对比，我们可以清晰地看到它们的相似之处。当然，千寻塔也有其自身的特点。例如，塔体上下小而中部宽，轮廓曲线收缩，显得柔美、俊丽。千寻塔与苍山、洱海相互映衬，显得非常和谐。

千寻塔始建于南诏国时期，在宋、元、明、清历代均有维修。20世纪70年代末，在千寻塔的塔顶和塔基内发现了680余件文物，它们是南诏和大理国时期的遗物，具有较高的文物价值。其中，出土的阿嵯耶观音像，是大理国珍贵的艺术品。这个观音像造型非常独特，兼有大理与印度等国的风格，体现了大理文化的开放性和包容性，是大理与东南亚各国文化交流的结晶。

千寻塔既有两座姊妹塔相随，也有风花雪月相伴，它们既是古代大理的文化象征，也是今日大理的文化景观。千寻塔一直在默默守护着大理，也一直在静静地等待着你。

## 第十节 石窟景观：赤峰后召庙石窟

说起古都的石窟景观，很多人会立即联想到洛阳龙门石窟和大同云冈石窟，但很少有人会提起赤峰的后召庙石窟。其实，赤峰的后召庙石窟是一座有特色的石窟，反映了草原古都的历史文化。

赤峰位于我国内蒙古高原东南部、东北大兴安岭山地与华北燕山山地之间，处在我国北方的农牧交错带上，是我国东北、华北与西北之间重要的交通要道与文化节点。赤峰是辽代两座主要都城的所在地，其一为辽上京临潢府，在今赤峰市巴林左旗旗政府所在地林东镇南1里；另一座为辽中京大定府，即今赤峰市宁城县大明镇。自辽太祖耶律阿保机于神册三年（918年）建都上京临潢府，直到辽天祚帝保大二年（1122年），临潢府作为辽代的五京之首存在了204年。辽王朝是契丹族建立的政权，自907年建国到1125年灭亡，是契丹社会经济文化大放异彩的时期。辽与北宋、西夏等政权同时并存，在中国历史进程中扮演了重要的角色。中古时代晚期，中国古代都城完成了由西向东、由南向北的转移，而辽上京正是这一都城转移历史的里程碑。

辽上京位于今内蒙古东南部和辽宁西部，这个区域属于环渤海文化区，是中国古代文化的重要发祥地之一。这里有许多重大考古发现，如距今8000年左右的敖汉旗兴隆洼文化聚落遗址，还有赵宝沟文化、小河沿文化、红山文化、夏家店下层文化、夏家店上层文化等。可以说，在辽代之前，这里已有了很好的文化基础。辽代选择建都在这个区域，具有深厚的历史文化背景。辽上京临潢府还具有自身的天然优势。据《辽史·地理志》载，辽上京临潢府"负山抱海，天险足以为固。地沃宜耕植，水草便畜牧"。可见，农牧交错地带的天然优势非常明显。

辽上京规模宏伟，由南北两城组成。南城为汉城，城内分布有平民住宅区、商业区、国宾区及外侨居住的回鹘营。北城为皇城，建有巍峨耸立的宫殿群。紫禁城外分布有皇家祖庙、宗教寺观、衙署以及手工作坊。至今，城墙、宫殿的基础仍清晰可辨。

临潢府是辽国的重要政治中心，也是辽国人口的重要集中地。都城中向来少不了寺庙场所，用以满足人们的宗教需求。上京城北有大开龙寺、宝积寺和云门寺，城西有弘法寺，城南有开悟寺、报恩寺、弘福寺和真寂之寺。其中，"真寂之寺"就是今天赤峰"后召庙"的前身，位于巴林左旗林东镇南10公里的山谷中。

"召"是指蒙古族喇嘛教的寺庙，而后召庙显然是一座喇嘛教寺庙。后召庙是个俗称，它还有一个特别的称呼"格力布尔召"。"格力布尔"是蒙语的音译，意思就是"发着白色的光"。这个名称有什么来历呢？这要从一则传说说起。据说，清朝有一位高僧曾在此地路过，夜间突然发现南面的山上发着白色的光。这位高僧感觉奇异，第二天便上山一探究竟，结果发现山洞里有一个躺着的释迦牟尼涅槃像。随后，这位高僧向巴林王爷建言供奉佛像。巴林王爷听从了这位高僧的意见，在此地重建庙宇，并正式取名为"善福寺"。在清朝，善福寺不仅是东蒙地区的宗教活动中心，也是重要的文化中心。

上述传说中的这座山就是今天的桃石山，而山洞及佛像指的就是辽代"真寂之寺"的石窟造像。1974年，在修缮后召庙大殿时，意外发现在中窟上方有阴刻"真寂之寺"四个大字。这是什么时候刻写的呢？通过仔细观察刻字发现，"真寂之寺"中的"真"字少了一横，这很可能是出于避讳的缺笔。由于辽兴宗名为耶律宗真，所以"真寂之寺"的刻字时间很可能在辽兴宗耶律真宗时期（1031—1055年）或之后。

后召庙石窟是目前国内已发现的保存最为完好的辽代石窟之一，反映了佛教石窟艺术在辽代的兴盛。在辽国成立之前，契丹族的信仰主要是萨满教。

在辽国成立以后，随着统治区域的扩大，融入了大批的渤海人和汉人，并随之传入了佛教。自辽太祖耶律阿保机始，辽朝历代君主都比较重视修建佛寺和倡导佛教活动。在辽世宗、辽穆宗、辽景宗这三朝，统治者大规模提倡佛教，佛教广泛地被契丹皇室、贵族、大众接受。在辽兴宗和辽道宗时期，由于统治阶级崇尚佛教的政策，辽代佛教的发展进入繁荣的阶段。日益兴盛的佛教文化环境，为"真寂之寺"石窟的出现奠定了文化基础。

真寂之寺坐西朝东，从南向北依次排列着四个石窟。南面为一号石窟，窟内有长约1米的短通道，窟室呈方形，长宽均约3.5米。窟内正中间有圆雕释迦牟尼佛一尊，菩萨盘膝坐在束腰莲座上，面颊丰满圆润，双肩宽阔，衣纹古拙，延续了唐末时期造像的浓厚风格。在窟内的门两侧各雕有天王像，天王面目狰狞，窄袖长靴，浑厚威严，体现了契丹人的人体特点和服饰风格。

二号石窟是规模最大的石窟。石窟进深约5米，面阔约6.5米，高约2.5米。窟内雕有一组佛教的故事群像，而圆雕释迦牟尼涅槃像位于正中。涅槃也称"圆寂"，是佛教断除各种欲望、追求人生解脱、实现功德圆满的最高境界。石窟门口石壁上雕刻的"真寂之寺"，正是对这个释迦牟尼涅槃像的呼应。在这个石窟内，除了释迦牟尼涅槃像以外的佛像都与山石一体，只有释迦牟尼涅槃像是单独用一块巨石雕成，并撬离了山体。这寓意着释迦牟尼已经修道成佛，脱离了世俗红尘。按照一般佛经所载，释迦牟尼涅槃像理应头向北方，枕手右卧。但二号石窟的释迦牟尼涅槃像却是头朝南而脚朝北，面向东方而侧卧。这个面朝东方的卧佛造像，恰好反映了契丹族崇尚东方的文化观念。

三号石窟内有浮雕群像，雕刻的是燃灯佛与两个弟子、两个菩萨与两个供养人和两个天王像。三号石窟规模不大，却有着独特的雕刻风格。所有造像通体磨光，五官与衣纹都凹凸分明。燃灯佛的手掌并非双手合十，而是伸出一只手竖起两个手指，形成了"V"形手印。对于这种手势，人们有不同的理解。第一种观点认为，这个手势表示两个佛同在；第二种说法是，这个手势表示"不二法门"；第三种解释是，这个手势表示平安和如意。多样化的文化解读，为石窟增添了几分神秘之趣。在三号石窟旁边是四号石窟，四号石窟的布局与一号石窟略同，不同之处在于窟内的石壁上没有千佛像。

　　以上就是四个石窟的基本情况，从中不难看出石窟不仅是辽代佛教盛行的鲜明印记，也是契丹游牧民族文化与汉族文化交融的生动体现。如今，人们已习惯于用"后召庙"来指称辽代的"真寂之寺"和清代的"善福寺"，而对于后召庙来说，石窟无疑是最具标志性的文化景观。

第五章　中国古都文化景观

# 第六章
# 中国古都文化的影响

　　古都在中国传统文化的形成、发展及传播中发挥了不可替代的重要作用,并作为古代全国或区域的文化中心,为中外文化交流做出了重要贡献。本章通过梳理古都与中国传统文化的关系,解读古都对中国传统文化的形成、传播及中外文化交流具有的重要意义和深远影响,彰显中国古都文化的独特魅力。

## 第一节　古都与传统文化的形成

中国传统文化包罗万象,种类很多,凡文学、艺术、史学、哲学、宗教、科技、民俗、娱乐等都包括在内。本节择其要者,简要讲述儒家核心价值观念的形成,揭示古都乃是中华核心价值观念形成的根基;简要讲述我国历史上的重大科技发明,指出古都与科技发明的密切关系;简要讲述一些主要民俗节庆的形成过程,揭示古都在传统民俗节庆形成中发挥的巨大作用。

### 一、古都与儒家核心价值观

中华民族有悠久的历史,有博大精深的文化传统,古都则是古代传统文化形成的一个核心区域。现代社会,有社会主义核心价值观;古代社会,也有大家共同遵循的核心价值观,就是以儒家思想为核心的价值观,集中体现在仁、义、礼、智、信多个方面。追溯起来,古都则是儒家核心价值观形成的根基。

我们先说一个发生在清朝晚期的故事。清朝晚期的时候,山东一个叫丁龙的普通农民,漂洋过海到美国的纽约谋生。到了纽约后,他给一个美国南北战争时期退休的将军做仆人。这个将军脾气非常暴躁,火一上来,就对仆人连打带骂。他以前也雇了不少仆人,结果那些人都忍受不了,离开了他的家。丁龙性情温和,待人友善,做事认真。一开始的时候,将军对他也不错,但一旦脾气坏的时候,也不免对丁龙打骂起来。丁龙毕竟是个年轻人,时间长了,也受不了将军那种无端的谩骂和体罚,后来就离开了将军家。走了之后,丁龙到将军家附近的另外一个家庭，仍然给人家当仆人。有一天晚上，不知什么原因，那位将军家里面起火了。那天晚上，丁龙正好睡得晚，又对那一带的情况比较熟悉，一看就判断出可能是将军家里面着了火。当时，丁龙毫不犹豫地赶到将军家里。可那位将军还不知道，正在家里睡觉呢。丁龙把将军叫醒，把他拉到屋外，救了将军一命。然后，又打电话叫救火车，帮助把火给扑灭了。

事情过后，那位将军对丁龙的举动很不理解，就问了丁龙一个问题："我以前对你那样不好，在我家着火的时候，你为什么还要过来救我呢？"丁龙很平静地说，这有什么奇怪的？我的家乡有位圣人孔子，他教育我们做人要宽容，要讲求"仁恕"之道。人和人要和谐地相处下去，不能把有些愁怨记一辈子。那位将军听后很感动，对丁龙提到的孔子以及中国文化也充满了好奇。不久之后，他诚恳地请求丁龙重新回到他家里做仆人，两个人相处得一直很好。丁龙因病去世后，那位将军做出了一个非凡的举动，在纽约哥伦比亚大学里专门设立了一个"丁龙讲座基金"，资助对孔子和中国文化的研究项目。

这个故事说明什么？说明中国传统儒家思想文化的深远影响。无论是在有知识的人身上，或者说在一般的农民身上，儒家思想和行为规范都会传承下去。而追溯起来，这种文化传统往往是在古代都城形成的。形成之后，慢慢传播到全国各地，甚至传播到偏远的农村地区，乃至国外的华人那里，并在所有中国人身上体现出来。丁龙在美国纽约的经历就是一个典型的例子。

不过，有些朋友可能会问了，儒家思想的创立者是孔子，孔子的老家在哪里？那里也是古都吗？孔子的老家在山东曲阜，曲阜是春秋时期鲁国的都城。鲁国虽然是一个小的割据王朝，但是它的都城曲阜也属于中国古都的范畴。孔子曾长期生活在曲阜，在创立儒家思想的过程中，他除了汲取曲阜本地的文化营养，还借鉴了大量来自于长安以及洛阳等帝都的核心文化。

当年西周建立的时候，实行分封制。当时的鲁国是谁的封国呢？是我们大家熟悉的周公的封国。周公姓姬，名旦，是周初的名臣。周公旦被封为鲁

第六章 中国古都文化的影响

国的国君后，因为要辅佐年幼的周成王治国理政，所以，他并没有到鲁国去就封。但鲁国毕竟是他的封地，于是，周公就让他的儿子伯禽代他去就任鲁国的首任国君。伯禽临走的时候，周公叮嘱他，要治理一个国家，必须靠礼仪；要靠礼仪，就得把周朝好的文化传统传承到鲁国。而当时的鲁国以及曲阜都还没有得到很好的开发，文化十分落后。所以，周公在伯禽就任鲁国国君的时候，从西周的都城镐京（今西安附近）的国家图书馆里搜集了大量的重要典籍交给儿子，让他带上。所以，伯禽没有像别的诸侯王就封的时候带着大量金银财宝，而是携带着大量的书籍到了曲阜。因此，曲阜这个地方就保留了非常深厚的核心文化传统。

后来，青少年时期的孔子在鲁国学习的时候，也许就能够看到这些书籍。孔子还做过鲁国的重要官员，他进入鲁国国家图书馆，阅读大量藏书就更便利了，所以，孔子儒家思想的形成跟他早年大量的阅读分不开。当然，他也很感激鲁国的真正国君周公，一直把周公作为学习的榜样，作为儒家思想源头来对待。

同时，在儒家思想形成的过程中，孔子还广泛吸取其他都城的文化成果。孔子曾周游列国，到东周的都城洛阳向老子请教，这就是历史上有名的"孔子入周问礼于老子"的故事。孔子周游的其他一些诸侯国，比如郑国、卫国、宋国等这些国家，也大多位于中原地区，保存了非常深厚的文化传统。

所以，我们说，中国人传统的核心价值观——仁、义、礼、智、信虽然是孔子最早提出来的，但是却积淀了曲阜、西安、洛阳等古都深厚的文化传统，最终由孔子把这些思想精华总结出来，弘扬开去。这就用事实说明，古都是孔子儒家思想文化和核心价值观形成的雄厚根基。

## 二、古都与科技发明

接下来，我们再谈第二个问题，古代科技发明与古都的关系。

科技的进步，总是伴随着人类文明的进步。科学技术是古代和现代社会进步的主要动力源泉，而历史上重要的科技发明，几乎都与古都有密切联系。

在中国古代，都城除了是全国的政治、经济和文化中心外，也往往是人才最集中的地方，所以，也是科学技术与发明创造最集中的地方。比如，东汉时期著名的科学家张衡，他发明了地动仪，能够有效测量地震的方位。张衡的老家在河南南阳，他博学多才，尤其精通天文、历法，善于机械制造。他的才能受到了朝廷的赏识，曾经长期在东汉的都城洛阳担任太史令等要职。他的重要发明——浑天仪、地动仪，就是在洛阳为官期间完成的。

再比如我们大家熟悉的四大发明。其中，造纸术是在东汉时期的洛阳发明的。当时，洛阳宫廷里有一个主管皇宫制造机构的宦官叫蔡伦，他总结了秦汉以来的各种造纸技术，利用树皮、旧渔网、破麻布等，发明了纸，被当时的人们称为"蔡侯纸"。而在造纸术发明以前，中国人曾在甲骨上写字，留下了甲骨文；也曾把竹片、木片以及丝帛作为书写工具。造纸术的发明，改变了人类书写的历史，使中华民族和世界文明都前进了一大步，所以，可以说，造纸术和地动仪是洛阳这座古都留给中华民族的两大科技瑰宝。

而四大发明中其他三大发明——印刷术、火药、指南针则与都城开封有密切的关联。根据历史记载，指南针出现的时间比较早，黄帝时期就已经有了可以用于辨别方向的指南车；魏晋时期，一些方术士在炼制丹药的过程中，已经偶然发现了引起火药爆炸的一些元素；唐朝时期，出现了雕版印刷术。但是，直到北宋时期，以上三大发明才走向相对成熟的阶段。北宋科学家沈括在其所著的《梦溪笔谈》中，详细记载了指南针、火药的制作技术以及毕昇发明的活字印刷术。北宋晚期，都城开封已经建立了许多制造火药武器的兵工厂，有大量官方和私人开设的活字印刷作坊。而且，也正是在北宋晚期，航行在大海中的船只正式使用罗盘针，在深海航行时辨别方向。

此外，大家熟悉的古代"丝绸之路"贸易中对外交流的重要产品——丝绸、瓷器、茶叶以及其他手工业产品——优质的铁器、玉器、漆器等，也大

第六章 中国古都文化的影响

多是在都城官营或私营手工作坊生产出来的。这些产品的制作技艺也往往是全国最高超的，它们走出国门之后，成为受人欢迎的品牌和中国文化的标志，树立了中国产品的良好形象。

这些事例无不说明，古代重大科学技术的发明几乎都与都城有直接的关联。换句话说，古代许多重大科技发明和创造大都是在都城完成的。古代都城往往集中了全国最优秀的科技人才，在此基础上，科技发展与进步才具备了最大可能性。

直到今天，在我国科技发展过程中，首都北京不仅仅是政治的中心、人口的中心，还是人才的中心。大量有才智的人集中在都城，就会催生大量的发明创造；而发明创造又推动社会不断发展和进步，改善着人们的生活质量。

## 三、古都与节庆民俗

另外，古都与中华民族的传统民俗与节庆也有很深的渊源关系。

中华民族是一个由56个民族组成的多民族大家庭。不同民族，民俗风情差异很大，但是，大家发现，无论什么民族，又都有一些相似的传统和节庆活动。而这些相似的民族节庆，跟古代都城有着千丝万缕的联系。

比如，春节、元宵节、清明节、端午节、中秋节等是汉族的传统节日，但全国很多民族也都有过春节的习俗。春节的时候，大家吃饺子；元宵节吃元宵、观花灯；清明节要扫墓，祭奠怀念我们的祖先；端午节吃粽子，划龙舟，纪念爱国诗人屈原；中秋节一家人团圆，吃月饼；等等。在最初的时候，这些民俗和节庆往往是在都城形成的。据古书记载，在唐朝、宋朝，元宵节是非常热闹的。南宋词人辛弃疾有一首词叫《青玉案·元夕》，就为我们描述了宋朝都城元宵节晚上的情景。词中说：

东风夜放花千树。更吹落，星如雨。宝马雕车香满路。凤箫声动，玉壶光转，一夜鱼龙舞。

蛾儿雪柳黄金缕。笑语盈盈暗香去。众里寻他千百度。蓦然回首，那人却在，灯火阑珊处。

——辛弃疾《青玉案·元夕》

我们还不清楚辛弃疾到底描述的是哪一座城市。据后人推测，要么是南宋都城杭州，要么是北宋都城开封，或者仅仅是对两座都城元宵节夜晚情景的综合回顾。但从词的意境来看，辛弃疾描述的应该不是普通城市的元宵节。宋朝的时候，也有全国性假日，元宵节是一年里最重要的节日，宋朝时期至少连续放三天的假，跟我们现在的长假期有点类似。元宵节晚上，都城不禁夜，老百姓可以热热闹闹尽情地游玩。在这样一个时间段，那些长期被禁锢在绣楼里的女眷，也都可以上街，来逛花灯，看表演，或者仅仅是看看热闹，排遣一下自己长期受到束缚的寂寞心灵。而辛弃疾就是抓住了这样一个场景，为我们留下了这首词。词中有很多名句，特别是"众里寻他千百度。蓦然回首，那人却在，灯火阑珊处"脍炙人口，广为传颂。

与此同时，中国的许多其他习俗，比如婚俗习俗、丧葬习俗等，最初的时候，也应该都是在都城形成的。不过，不同等级群体的婚、丧仪礼可能有所差异，城市比农村排场一些；在城市里，都城比一般城市排场一些。而在不同阶层间，帝王、后妃的最讲排场，官员、贵族的比皇帝、后妃的排场要低一些；一般老百姓的又要比官员、贵族更低一些。就这样，一步一步地向下进行传导。当然，不同民族、不同区域也会对传导下来的婚、丧习俗加入地方特色，进行一定程度的改造，但总体上，还是要符合传统的礼仪规范的。

其他还有一些习俗，比如饮酒风俗、祭祀风俗、信仰风俗、娱乐风俗等，其形成也都与我们上面所说的节庆、婚丧等习俗有相似的轨迹。久而久之，节庆习俗就逐渐定型下来，而且积淀为中华民族不同于其他国家和民族的独特习惯。

丰富多彩的节庆民俗通过代代传承，一直留存到了今天。所以，现代旅游过程中，西方的许多游客喜欢跟我们中国人一块过春节，包饺子，看春节

晚会。有时候，他们还会主动参与一些中国传统的游戏活动，比如打中国麻将、下中国围棋等。而客观看来，古都城市往往是中国传统节庆民俗保留最多、最完整的地方，因此也成为海外游客最迷恋的地方。

## 第二节　古都与传统文化的传播

自古以来，古都不仅是传统文化形成的核心区域，还是传统文化向外传播的核心地区。本节主要通过解读古都与古代政治制度、风俗民情以及价值观念的传播之间的关系，揭示古都在中国传统文化传播过程中所发挥的巨大作用。

### 一、古都与政治制度传播

首先谈谈古都与政治制度传播之间的关系。

现代世界，各个国家、各个地区都有不同的政治制度。我国实行的是社会主义制度，具体到行政体制上，实行的是中央、省（自治区、直辖市）、市、县、乡以及村的行政体制。如果大家注意的话，在今天的日本、韩国，它们的行政体制跟我国有很多相似之处。在韩国有和省相似的道，如庆尚北道；在日本，有千叶县；等等。如果追溯这种行政体制的历史渊源，可以追溯到两千多年前的秦朝。

秦朝建立之后，秦始皇对国家政治制度进行了一系列重大改革。其中，一个重要的举措就是实行"郡县制"。中央底下是郡，郡底下是县，县下面是乡，乡下面是里。这种行政体制是从位于都城的中央先进行顶层设计，然后，逐渐在全国推行，传播开来，历代基本延续。而古代中国与今天的韩国、日本有密切的政治、经济和文化交往，所以，中国的行政体制也传播到了他们那里，并影响到现代。

  再比如古代的科举制度。现在很多人认为它是一种考试制度，类似现代的高考制度。其实，科举制度是古代的一种选官制，是政治制度的重要组成部分。在古代，封建国家建立之后，要维持它的运转，就需要有大量的官员。官员怎么选拔呢？在科举制实行以前，有察举制、征辟制、九品中正制等。但这些制度主要服务于封建官僚和贵族阶层，选择的面太窄，不利于选拔出真正有用的人才。这样，科举选官制度就应运而生了。历史上，科举制度形成于隋炀帝时期，从秀才科开始。后来，到了唐朝、宋朝，科举选官制度逐渐完善，有了进士科、明经科、明算科等。科举制向全国所有的文人士子都开放，通过科举考试，大量出身低微的文人士子步入仕途，充实到了封建官僚队伍的行列。这样，一方面维持了国家行政机制的正常运转；另一方面，又大量补充了来自于社会底层的有生力量，有利于保持封建统治的长久活力。当然，这种官员选拔制度也影响到了我们今天的高考制度。很多高考制度的做法，其实在古代科举时代就已经存在了。比如，宋朝的时候，已经有了糊名的做法、誊录的做法等。为什么要糊名和誊录呢？主要是防止作弊。假设哪一个主考官知道有一个熟人参加考试，并且知道他叫什么名字，就有可能给他打高分，破格录取。但是，如果把考生的名字糊上，主考官就不知道是谁的卷子了。但名字糊上后，还有可能认出笔迹，怎么办呢？于是，宋代又采取了誊录制度。也就是说，参加考试的士子写完了自己的考卷后，考试主管机构专门找一些写手，把所有考生的卷子重新誊录一遍。这样，所有卷子字体基本相似，杜绝了主考官和改卷的人通过辨认字体认出考生的可能性。当然，不管采取什么办法，主要目的是防止作弊，体现考试的公平合理。到现在，我们的高考制度不也是这样吗？通过高考制度，大量农村孩子就可以进入城市，甚至成为公务员、教师等，为国家服务。

当然,科举制度是由都城所在地的中央推行的,由礼部负责组织,并从县、州、省由下而上逐级考试,最后集中在都城决定最后的结果。根据史书记载,古代时期的韩国、朝鲜、越南等,都受到了中国科举制度的影响,这些国家在一些时期也通过推行科举制度,选拔朝廷官员。

此外,都城对地方政治制度的影响还有很多方面。其中,比较典型的包括城市建设规制。留心的朋友们会发现,在我国,古代留下来的城市都有鲜明的特点。比如说,城市外围有城墙,城市里边的道路都是规规整整的。特别是古都城市,它们的街道往往都是笔直的,东、西、南、北方向感很强烈。而在许多新兴城市则不是这样,街道的方向感也不强,经常导致迷路。为什么会这样呢?其实,这跟古代的城市建设规制有密切关系。以都城而言,古代都城一般都建有城墙,由城墙划定城市的范围,居民都居住在城墙以里。在空间格局上,最外面是外城,然后再向里面是内城,外城与内城之间是老百姓居住的地方。再向里边是皇城,由帝王和后妃居住,皇城与内城之间是政府官僚机构人员及其家庭办公、居住的地方。古都城市就由这三重城墙一重一重套起来。皇城一般位于都城中间靠北的区域,都城的道路以皇城为中心向各个方向延伸。一般来说,道路都是规规整整的,要么是东西大道,要么是南北大道,而且都比较平直,通往东、西、南、北不同方向的城门。地方的省城、州城、县城也仿照都城建设,但在规模上不得超越都城。否则,就是僭越。所以,当朋友们有机会到西安、南京、开封等古都参观的时候,会发现它们的古城墙依然坚固,古城内的道路笔直。而受到都城规制的影响,像荆州古城、平遥古城等,也有同样的特点,其原因就在这里。

所以,我们说,古代都城的各种政治制度都传播并影响到了全国其他各地。同时,与海外频繁的交往,也影响到了海外的一些国家和地区。这是古都在传统文化对外传播方面的一个重要体现。

## 二、古都与价值观念传播

其次，我们再探讨一下古都与传统价值观念的传播。

我们前面谈到，中国重要的价值观念基本都形成于古都。之后，又通过古代都城向外传播到全国的各个角落。比如说，我们的大一统的观念。中国有960万平方千米的陆地面积，中华民族是由56个民族组成的大家庭。但是，无论在古代，还是现代，我国都是统一的时候多，动乱的时候少。特别是在现代社会，尽管世界各个地方都有各种各样的动荡，但是，中国的整个政局始终是相对比较稳定。这固然有多方面的原因，但中国古代留下来的以都城为中心，稳定压倒一切的强大大一统的传统才是为中国带来长期稳定与和平的根本原因。我们中国人珍惜和平，我们中国人抱团，我们中国人有集体观念，这使我们中国人在这样的一种大一统的政治观念下选定每个人的角色，一起为维护来之不易的和平统一的局面做出各自的努力和贡献。

还比如中国传统核心价值观的传播。简单来说，古代中国的核心价值观就是儒家思想里总结的"仁、义、礼、智、信"。今天通过手机、电视、电脑等渠道，传播社会主义核心价值观很便利，但在古代通信和科技都不太发达的情况下，怎么传播核心价值观呢？主要通过两种渠道，首先是通过从都城任命的各级官员传播。官员从都城被派到各个地方，他们的首要职责就是传播封建核心价值观。要以身作则，实行仁政；要爱民，要讲诚信，逐渐让老百姓认识并接受国家的价值观念。但官员的数量毕竟有限，所以，封建核心价值观传播的另一种重要渠道，是通过各种各样的娱乐形式，比如民间曲艺等。不过，对于民间曲艺的表演内容，国家是有规定的，不是随便什么戏曲都能表演的。那么，古代主要表演一些什么戏呢？大家可以发现，比较多的是清官包拯的戏，还有关羽的戏，诸葛亮的戏，等等。而这样一些戏曲，宣传的是什么样的思想呢？很明显，诸葛亮的戏、杨家将的戏，主要宣传"忠

君爱国"；关羽的戏，主要宣传"大义参天"；包拯的戏，主要宣传"公平正义"；等等。而大量的说书艺人，也大多说的是这样一些人物和故事。老百姓可能就在欣赏这些戏曲、评书的过程中，慢慢接受和养成了自己的价值观念，逐渐知道了什么是"仁"，什么是"义"，什么是"忠"，什么是"孝"，什么是"信"。所以，有时候，我们的祖辈、我们的父辈以及古代的很多人，他们可能一辈子都没有上过学、读过书，没有接受过正规的教育，但是，他们在行为处事的时候却非常符合儒家思想的规范。

　　当然，在传播的过程中，封建国家也有意地在某些方面进行引导。比如说，杨家将、清官包拯、忠义关羽等，都是封建国家有意识重点宣传、传播的正面形象，而那些有悖于封建核心价值观的人和事，也会在戏曲里边被塑造出来，成为正面人物的反衬角色，受到千秋的唾骂。比如说，历史上的岳飞与秦桧。岳飞是民族英雄，是忠君爱国的典型；而秦桧是一个卖国贼，受到百姓的唾骂。有这样一个故事，清朝乾隆时期，有一个状元，叫秦大士。有一天，秦大士和他的一个朋友一块儿到杭州的西湖去游玩。在游玩的时候，他们一起到了岳王庙参观。岳王庙里，秦桧被铁铸成了一个跪像，跪在岳飞墓的前面。很多人在秦桧的铁铸像上进行刻画，或者留下一些谩骂秦桧的言语。恰巧秦大士也姓秦，他的朋友就跟他开玩笑："秦相公，今天看到了你的老祖宗，有何感想呀？"其实，秦大士跟秦桧没有什么血缘关系，只不过都姓秦而已。秦大士不愧是状元，他也知道他的朋友是跟他开玩笑，于是，就顺口说出来了这样一句话："人从宋后少名桧，我到坟前愧姓秦！"什么意思呢？你看中国人起名都很讲究，女人起名字，有叫什么荷的、梅的、兰的、菊的，都是中国人比较喜欢的花卉。男人起名有叫什么松的、柏的等。但是，男人的名字里面很少见到有秦桧的"桧"字的。"桧"本来是一个树种，也是可以用在名字里的。但是，为什么没有人叫什么"桧"呢？因为秦桧叫了"桧"字，没有人愿意跟他站在一块，怕沾上他的臭气，所以，秦大士说，从宋朝之后，中国男人的名字里面就很少有这个"桧"字了。然后，秦大士接着说，"我到坟前愧姓秦"。意思是,虽然说我跟秦桧没什么血缘关系,但是,今天我到岳王墓前,也愧姓秦。说白了,都是因为秦桧勾结金朝,陷害抗金英雄岳飞,成了让中国老百姓不齿的卖国贼。

所以,从这个意义上来讲,文化的传播本身就具有非常大的力量,而这种力量往往从都城向外传播开来,逐渐影响到一座座城市,又影响到一个个小的乡村。最终,中华民族逐渐形成了一个团结的、牢固的、包容的文化体系。

当然,这种文化体系并不是封闭的,而是开放和包容的。特别是在古都文化发展的过程中,它曾敞开胸怀接纳佛教文化、阿拉伯文化以及西方文化等;同时,又通过古都这个大熔炉,来融合、改造外来一切文化,去粗取精、去伪存真,让一切外来文化纳入中国化的轨道,最终,丰富、壮大并服务于中国的传统文化。所以,大家看到,中国有56个民族,960万平方千米的陆地面积,有上下五千年悠久的历史和文化,之所以能够在世界民族之林树立良好的形象,受到不同国家、不同民族的敬仰,保持长期的和平与发展,追根溯源,与中国众多古都形成的文化传统,以及它在中国各个地方的传播都是有直接关联的。

## 三、古都与民俗风情传播

在古都形成的丰富多彩的民俗风情,也通过各种各样的渠道影响到了我国的各个区域。

首先拿二十四节气来说。其实,在我国很多地方,一年中不同节气所对应的气候的变化并不明显。比如说,冬至来的时候,南方的广东、海南冷吗?夏至到来的时候,北方的哈尔滨或者说沈阳这些地区,也不是特别炎热。为什么会出现这种情况呢?其实,历史上,"二十四节气"主要是在黄河中下游地区指导农耕生产的一种节气制度。黄河中下游属于暖温带大陆性季风气候,一年四季变化明显。在这个基础上,我们的先民在秦汉时期就逐渐总结

出了不同节气的变化规律,并用来指导农业生产。当然,节气的总结和节气制度的定性主要是在秦汉的两都西安和洛阳,而后,节气制度逐渐从都城传播到了全国各地。所以,到了现在,虽然说很多地方的气候变化规律跟二十四节气的节拍不相吻合,但是,也照样用二十四节气来安排日常的生活。

其次,在古都,还形成了很多特殊的民俗文化。其中就包括我们大家熟悉的十二生肖——子鼠、丑牛、辰龙、巳蛇等。追溯起来,生肖民俗的形成也跟黄河中下游地区的西安和洛阳有关联,形成的时间大概是在西汉、东汉时期。我们大家会注意到,在十二生肖里面,有鼠、牛、虎、兔、蛇、马、羊、猴、鸡、狗、猪等,它们都是黄河中下游地区的老百姓日常能够接触到的动物。但是,为什么没有狮子、大象这些动物呢?因为,两汉时期,当我们的十二生肖定型的时候,中国没有狮子这种动物,它是通过丝绸之路从中亚进入到我们国家的。之后,狮子文化在中国逐渐地传播开来。所以,中国人不熟悉狮子,当然在十二生肖里面就没有狮子。不过,在远古的时候,黄河中下游有大象。河南简称"豫",也从侧面证明河南跟大象的关系很密切。不过,到了秦汉时期,随着人类活动的加剧、气候的变化,黄河中下游地区已经很难看到大象了。到了今天,在中国境内只有云南少部分区域才有大象,所以,大象没能进入到十二生肖的名单里。

也许有朋友觉得奇怪,生肖里边为什么会有"龙"呢?虽然"龙"不是真实存在的大家能够看到的动物,但是,"龙"是中国先民早期图腾崇拜的对象,所以,它在中国老百姓心目中的地位很高,可以说是根深蒂固。皇帝被称为"真龙天子",中华民族被称为"龙的传人",以及"龙凤呈祥""龙生九子""叶公好龙"等传说典故的广泛流传,使龙文化已经深深地融入中华民族先民的观念中。所以,把"龙"作为十二生肖的一种动物也就顺理成章了。

当然,也有好奇的朋友会问,马、牛、羊、猪、狗、鸡等都是老百姓喜欢的动物,为什么把既丑又难看的老鼠放在十二生肖里呢?这是因为,在古代,老百姓不像现在很多人住楼房，平时很少见到老鼠，他们大多住的是一层的土坯房子，老鼠很容易打洞进到百姓家里。所以，普通百姓免不了要跟老鼠打交道。《诗经》里不是还有一首诗歌叫《硕鼠》吗？这首诗歌就说明了这个事实。其实，在我看来，老鼠这种动物非常聪明；甚至有人说，老鼠建立有严密的内部组织，具有很强的环境适应能力。所以，我们的祖先把老鼠放在十二生肖里的第一位，充分表明了他们对老鼠又恨又爱外加敬佩的矛盾心理。

还比如说，中国老百姓都喜欢看戏、听评书、下象棋、下围棋、打麻将等。其实，这样一些民间娱乐形式，也是首先在古都形成，然后慢慢向外传播到民间的。即便到了现在，它们也是中国人日常生活中离不了的娱乐形式。

## 第三节　古都与中外文化的交流

中国的传统文化，是极具开放性的文化。自古以来，中国对外的文化交流就没有停止过，而不同时期的古都往往是对外交流的起点和终点。通过不同时期以古都为核心的陆路、海上的对外文化交流，中华文化与外来文化之间相互借鉴、共同发展，从而铸就了中国博大精深的文化传统，卓立于世界民族之林。

### 一、古都与陆路的对外交流

中国位于欧亚大陆的东端，被称为东方国家。中国大陆的东端、南端都是茫茫的大海，北边是一望无际的大草原，所以，中国人对外交往的时候，

很容易就把眼光放在了西部，尤其是在通过陆路对外交往的时候。久而久之，中国人就形成了一种观念，就是几乎把所有与我们交往的国家都叫西方国家。直到今天，这种观念仍然根深蒂固。比如说，我们明明知道美国位于中国东部的太平洋彼岸，却仍然把它称为西方国家。中国早期先民与西方交流的时候，主要是通过陆路进行的，而最著名的陆路通道就是陆上丝绸之路。

关于陆上丝绸之路的开辟，我们可以追溯到西汉的汉武帝时期。他曾经派张骞出使西域，然后开通了与中亚、西亚直通欧洲的路上大通道"丝绸之路"，而汉朝的都城长安就成了丝绸之路的起点。从此，汉朝开始了与中亚、西亚甚至欧洲之间的交流。在这个过程中，中国的丝绸、铁器、建筑、艺术以及科技、文化，通过这条丝绸之路从长安一直传到了中亚、西亚和欧洲。很多西方国家是通过陆上丝绸之路上的商品认识中国的。比如，汉代时期的罗马人称中国为"赛里斯国"。什么意思呢？在拉丁文里，和"丝"或"丝绸"对应的拉丁文是"Sinae\Serica\Seres"，所以，"赛里斯"是拉丁文"丝"或"丝绸"的意思。

东汉时期，在都城洛阳，宦官蔡伦发明了造纸术。之后，造纸技术也逐渐通过丝绸之路传到了西方，深刻影响到了西方教育和文明的发展与进步。不过，造纸术到底是如何传到西方的，还有不小的争议，但很多学者认为，这跟唐朝时期发生在丝绸之路上的一场战争有关。据史书记载，唐玄宗统治时期，唐朝与中亚的阿拉伯人建立的大食政权之间曾经发生过一场战争——怛罗斯（今吉尔吉斯斯坦和哈萨克斯坦相邻边境）之战。可能就是在这场战争过后，中国的造纸术传到了西方。这是怎么回事呢？唐朝有一个将军，他叫高仙芝，时任安西都护府的最高长官——节度使。唐玄宗天宝十年（751年），为了夺回对丝绸之路的控制权，高仙芝带领唐朝的军队和大食在中亚的怛罗斯进行过一场战争。结果，高仙芝率领的唐朝军队战败，大量唐朝士兵做了大食人的俘虏。然而，大食人并没有把那些俘虏都杀光。长期以来，大食人对中国的造纸术非常羡慕，但造纸术是中国的高科技，属于国家机密，所以，汉唐政府不允许造纸技术随便外传，大食人也一直没有掌握这一技术。而现在机会来了，聪明的大食人从俘虏的唐军中，挑选出来一部分掌握造纸技能的军人，把他们集中在一起，目标只有一个——凭借记忆，造出中国纸，否则，就面临杀头危险。于是，那些军人发挥各自的特长，还真的就复制成功了中国纸。不久，在大食帝国统治的大马士革就出现了造纸作坊，开始正式生产纸，把中国的造纸术移植到了中亚地区。后来，中国的造纸术又通过中亚、西亚，沿着丝绸之路传到了欧洲。这个故事说明，中国造纸术的西传，可能跟唐朝时期的怛罗斯之战有关。不过，也有学者指出，实际上，在怛罗斯之战前，中亚、西亚人已经掌握了中国的造纸技术。所以，文化的传播，可能是一种和平的方式，也可能是残酷的战争形式。不管怎么说，造纸技术通过丝绸之路这个大通道传到西方，这是不争的事实。

当然，文化的交流是相互的。当我国的文化传播出去的时候，外来文化也会进入到我们国家。就在陆上丝绸之路交往的过程中，中国也吸纳了西方很多优秀的文化成果。比如说，张骞通西域的时候，就从西域带回了大量的植物种子，这些植物被引入到了中原地区，其中一些我们大家至今还非常熟悉和喜爱，比如说，大家喜欢吃的葡萄、黄瓜、胡萝卜以及石榴等，这都是张骞通西域之后，从西域引种到我国内地的植物品种。还有我们大家所熟悉的胡椒，这种佐料也是从西域进入中国的，对中国人的日常生活产生了非常深远的影响。

除了物质文化的影响，还有精神生活的影响。比如对中国人影响很大的佛教文化。我们大家都熟悉"唐僧取经"的故事，讲的是在陆上丝绸之路开辟之后，高僧玄奘沿着丝绸之路到佛教的发源地印度去取真经的一段传奇故事。不过，在玄奘之前，东晋时期还有一个高僧法显，也曾经到印度去取经。法显取经回来后，曾经在东晋的都城南京翻译佛经；而玄奘取经回来后，长期在长安弘扬佛教。他们二人的所作所为，对于中国佛教文化的发展都产生了非常大的推动作用。

所以，通过陆上丝绸之路，并以不同时期的都城为中心，中西之间曾经开展过频繁的文化交流活动。这个过程是一个互补的、互鉴的、共融的过程。最终，使中外文化你中有我、我中有你，彼此之间加深了了解，结下了深厚的友谊。

## 二、古都与海上的对外交流

接下来，我们再来看看古都与海上的对外交流。

陆上丝绸之路开辟的时候，同时也开辟了海上丝绸之路。中国的东部、南部就是茫茫的大海，通过海上丝绸之路，我们可以与东边的日本、韩国以及东南亚的一些国家，如菲律宾，马来西亚等展开交往。如果继续向印度洋航行，我们又可以与印度、阿拉伯展开交往，甚至可以远航到非洲、欧洲。

在通过海上丝绸之路交往的过程中，除了中国的丝绸、茶叶以及瓷器大量输往国外，中国四大发明里面的重要发明指南针技术，还有中国的建筑文化、典章制度、医药文化、娱乐方式等也在向外传播。

比如北宋时期，中国的指南针技术传到西方，并开始运用到航海上。而此前，大海航行时只能靠观测日、月、星体等天象来辨别方向；或者以大陆海岸线为参照，不能远离海岸线航行。但是，指南针运用到航海中以后，海上航行就能够进入到更广阔的海洋深处。所以，才有了郑和下西洋的伟大壮举，才有了西方航海家哥伦布、达·伽马、麦哲伦等的环球航海活动，人类真正进入了大航海时代。

同时，我们大家熟悉的"鉴真东渡日本"，乃是中国的佛教向日本传播的一个最典型的案例。鉴真大和尚的名气不亚于到西天取经的玄奘，鉴真大师到日本的时候，甚至不比玄奘历经的艰难险阻少。他曾经六次东渡，前五次都以失败告终。而且，他在第五次东渡的时候，因为积劳成疾，再加上年龄比较大，结果双目失明。尽管如此，鉴真仍然坚持东渡，第六次终于成功。

然后，他在日本传扬佛教；还在日本的奈良仿照唐朝的建筑主持建造了一个寺院，叫唐昭提寺，这至今仍然是日本的国宝。鉴真当年是通过扬州到达日本的，这个地方也是一座古都城市。因为在隋朝晚期的时候，隋炀帝曾经三次下江都（也就是今天的扬州）游玩。后来，农民起义爆发，隋炀帝病死在扬州，也埋葬在了扬州。所以，实质上，扬州这个地方也是隋朝晚期的一个都城。到了唐朝，这座城市仍然保持了自己的繁华，并通过鉴真东渡传播了佛教文化。后来，又有大量的日本僧人以遣唐使的方式，通过扬州来到中国，再通过大运河到达唐代都城长安、洛阳，学习中国的宗教、科技和文化。这样一来，鉴真就成了对外交流的一个品牌、一个典型、一个榜样，标志着中国与日本之间源远流长的文化交流关系。

与此同时，明朝中后期，通过海上丝绸之路，南美洲的一些植物也传入了中国。比如，我们今天餐桌上离不了的红薯、玉米、番茄、土豆，还有我们大家喜欢吃的花生，这些都是在明朝中后期从南美洲传入中国的植物。不过，它们首先是在欧洲传播，这是因为南美洲原来是欧洲的西班牙、葡萄牙等西方列强的殖民地。然后，西班牙、葡萄牙、英国、法国等又相继占领了菲律宾、越南、印度等亚洲国家，以亚洲国家做中介，这些植物逐渐传入中国。

这几种植物跟五谷不一样。五谷中无论是麦子、水稻，还是小米、豆类，它们往往择地。也就是说，麦子、水稻等五谷要在土壤比较肥沃的地方才能好好生长，还需要适时浇水，在土壤不太肥沃的地方长不好。但是，花生、红薯、玉米、土豆等植物往往不择地，随便一块薄地，甚至是山间地头的小块地，都可以生长得非常好，而且产量很高。这对于改变中国人的食物结构就产生了非常重大的影响。有学者研究表明，我国后来人口多，也与引入南美洲的植物有关系。到明朝末年以后，中国的人口持续增长，从1亿到2亿，到清朝末年达到4亿多；再到新中国成立以后的6亿、10亿，一直到今天，将近14亿人口。当然，我们不能把人口多少与食物的结构做这样一个简单的联系，中国人口多少主要还是与人口政策有关。但是，不可否认的是，中外的植物交流对于改变中国的饮食状况乃至人口结构，曾经发挥了很大的作用。

另外，通过海上丝绸之路，海外的香料文化、宝石文化等也传到我国，并影响了中国人的日常生活。以香料为例，如今，在中国的寺院里要燃香，有些人在家里也会在逝去的亲人照片前燃香，还有很多女孩喜欢用各种香水。不过，现代香水大多是化合而成的，不是自然香料。在我国古代，人们还没有掌握香料合成技术的时候，用的都是自然香料。并且，中国需要的大量香料是来源于海外的。香料进入中国，大多数情况下是通过海上丝绸之路。进入中国后，香料首先进入都城，成为帝王、贵族乃至文人士大夫消费的主要对象；然后，进入全国各地，甚至进入庙宇里，渗透到了中国文化的各个方面，对于中国人的生活方式、文化艺术、行为习惯等都产生了很大的影响。著名词人辛弃疾有一首词叫《青玉案·元夕》，其中有"宝马雕车香满路""笑语盈盈暗香去"等句子，意境优美动人，被后人广为传颂。这可以说是香料文化对中国文学乃至中国人日常生活深刻影响的一种反映，也是中外文化相互碰撞、相互借鉴的一种体现。

### 三、对外交流铸就伟大中国

中国古代，以都城为中心的对外文化交流是全方位的、持续不断的，而这种交流也铸就了伟大的中国。

我们说，今天的地球是地球村。或者，换一种说法，现在是一个全球化的时代。其实，无论古今，任何一个国家、一个民族都不能孤立于其他国家之外独善其身。现代交流有必要，古代的交流也是非常有必要的。中华民族的文化就是在不断交流中逐渐发展壮大的。

细心的朋友会发现，在古代，对外开放力度最大、对外交流最频繁的一些朝代，往往成为中国历史上的强盛朝代。比如说汉和唐，汉武帝的时候开辟了丝绸之路，通过陆上和海上对外频繁地进行政治、经济和文化交流，整个汉王朝呈现出了蒸蒸日上的局面。汉武帝时期，整个国力也是极其强盛的，西汉、东汉加起来维持了四百多年相对稳定、发展的局面。今天，中国人被称为"汉人"，中国文化被称为"汉文化"，都是汉朝留下来的文化遗产。

唐朝也是这样。唐朝实行对外开放的政策，通过陆上和海上丝绸之路，与中亚、西亚以及东边的日本、朝鲜半岛之间的交流非常频繁。所以，在唐朝前期，就出现了"贞观之治"的大好局面；到了唐朝中期，又出现了"开元盛世"。通过中外交流，唐朝在世界上树立了高大的形象。直到今天，中国人在海外聚居的地方，往往被称作"唐人街"，这跟当年唐朝的强盛不无关联。

作为汉唐时期都城的长安和洛阳，自然也成为那个时代中国乃至世界上最发达和繁荣的城市，受到世人的青睐。

相反，推行"闭关锁国"的国策往往会迟滞国家的发展，甚至给民族造成灾难。特别是到了明朝，郑和下西洋之后，由于东边的日本在我国沿海地区进行骚扰，倭寇比较猖獗，所以，明朝实行了禁海政策，这大大限制了中外交流的开展。清朝又盲目自大，以天朝大国自居，与海外交流的大门几乎被彻底关闭。这样一来，中国人就不能及时了解外面的世界。恰恰就在明清时期，西方的工业文明蓬勃发展，而中国仍然停留在简单手工业和传统农耕文明的阶段，逐渐落后于西方国家。1840年，鸦片战争爆发，西方人用坚船利炮打开了中国的大门，八国联军甚至攻破了我国首都北京，烧毁了圆明园。此后，中华民族陷入了长达百年的屈辱历史之中，其中的经验教训是发人深思的。

所以，一个国家、一个民族要想保持旺盛的发展活力，就必须坚持改革开放，积极借鉴和吸收外来的文化成果。与此同时，要保持自己的定力，不能一股脑地全盘西化，必须让外来文化适合我国固有的文化传统和文化系统。今天，我们建设有中国特色的社会主义，是在全面总结历史经验教训的基础上做出的正确选择。古代很多都城，它们在发展的过程中也可以看到这样的痕迹。一般来讲，所有的外来文化大多是先进入都城，而后，再大浪淘沙。

第六章 中国古都文化的影响

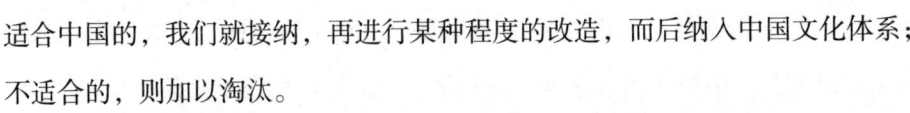

适合中国的，我们就接纳，再进行某种程度的改造，而后纳入中国文化体系；不适合的，则加以淘汰。

以佛教文化为例，中国的佛教并不是把印度的佛教一股脑地拿来全盘接收，而是把它改造成为一种适合中国文化传统的宗教，使它变成完全中国化了的佛教。然后，才被中国人接受，和中国固有的儒家、道教思想文化相互补充，相得益彰。与此同时，世界很多古老的文明，比如古埃及文明、古印度文明、两河流域的巴比伦文明等，由于没有这样的特点，所以，有一段时间，这些文明就完全被外来的文明消灭了。到现在为止，这些古文明的复兴之路还相当漫长。而中华民族则不然，虽然在历史上也饱受外来入侵，历经沧桑，但一方面，我们固有的文化传统非常强大，另一方面，在绝大部分时间里，我们积极开展对外交流，不断壮大固有的文化体系，所以，中国文化才保持了旺盛的生命力，百折而不挠，依然卓立于世界民族之林。

当然，古都是中华民族传统文化保留最深厚的地方，也是中华民族文化自信的根基所在。同时，古都在发展和对外交流的过程中，也留下了丰富的物质和精神文化遗产。到了今天，这些遗产又成了中外游客旅游观光的好去处。

我们在长城、故宫、兵马俑、龙门石窟等文化遗产地参观访问的时候，会对古都在历史上曾经扮演的角色和发挥的作用有更切身的体会。而大家随着对古都的深入体验以及对古都文化的了解，也会不断增强自己的民族自信、文化自信，从而为实现中华民族的伟大复兴做出每个人应有的贡献。

# 参考书目

[1] 陈桥驿：《中国六大古都》，中国青年出版社，1983年。

[2] 陈桥驿：《中国七大古都》，中国青年出版社，1991年。

[3] 程遂营：《程遂营讲六大古都》，河南大学出版社，2014年。

[4] 程遂营：《黄河上的古都》，中国财政经济出版社，2017年。

[5] 段智钧：《古都南京》，清华大学出版社，2012年。

[6] 韩品峥、杨新华、韩文宁：《古都南京》，杭州出版社，2010年。

[7] 何一民、王毅、蒋成：《文明起源与城市发展研究》（中国古都研究），四川大学出版社，2004年。

[8] 贺从容：《古都西安》，清华大学出版社，2012年。

[9] 侯仁之：《北京城的生命印记》，生活·读书·新知三联书店，2009年。

[10] 桓占伟：《河南旅游古都文化》，中国旅游出版社，2009年。

[11] 黄强：《消失的南京旧景》，复旦大学出版社，2014年。

[12] 靳文泉：《中华古都文化之旅》，吉林科学技术出版社，2017年。

[13] 李鸿安：《古都》（中原历史文化系列丛书），中央民族大学出版社，2017年。

[14] 李路珂：《古都开封与杭州》，清华大学出版社，2012年。

[15] 李颖伯：《格致之路：古都北京的科技文化》（北京文化史），中华书局，2015年。

[16] 李遇春，陈良伟：《七大古都史话》，社会科学文献出版社，2011年。

[17] 刘春迎：《北宋东京城研究》，科学出版社，2004年。

[18] 刘顺安：《古都开封》，杭州出版社，2011年。

[19] 刘志宽：《十大古都商业史略》，中国财政经济出版社，1990年。

[20] 卢海鸣：《六朝都城》，南京出版社，2002年。

[21] 史念海：《中国古都和文化》，中华书局，1998年。

[22] 苏天钧：《中国古都》，新华出版社，1992年。

[23] 田春涛：《大古都》，中国青年出版社，2012年。

[24] 王南：《古都北京》，清华大学出版社，2012年。

[25] 王贵祥：《巍巍古都》，外语教学与研究出版社，2010年。

[26] 王贵祥：《古都洛阳》，清华大学出版社，2012年。

[27] 王立娜：《古都文化》（中华传统文化书系），内蒙古人民出版社，2006年。

[28] 吴晓亮：《中国七大古都名胜与文化》，云南大学出版社，2000年。

[29] 徐君峰：《中国古都嬗变与名胜文化》，陕西旅游出版社，1992年。

[30] 许成、杨浣、董宏征：《古都银川》，杭州出版社，2010年。

[31] 杨玉峰：《帝都梦华》（中华古都文化撷萃），安徽文艺出版社，2014年。

[32] 叶骁军：《中国都城发展史》，陕西人民出版社，1988年。

[33] 于希贤、于洪：《中国古都历史文化解读》，中国三峡出版社，2009年。

[34] 张碧波、张军：《中华文明探源》，上海人民出版社，2007年。

[35] 张松林：《古都郑州》，杭州出版社，2011年。

[36] 赵芳：《中国古都》，中国商业出版社，2015年。

[37] 赵文龙：《文化古都·安阳》，河南科学技术出版社，2011年。

[38] 赵永复：《十大古都》，上海古籍出版社，1992年。

[39] 赵永复：《煌煌古都》，长春出版社，2007年。

[40] 朱士光：《中国古都学的研究历程》，中国社会科学出版社，2008年。

[41] 朱士光：《中国八大古都》，人民出版社，2007年。

# 后 记

本书是在河南省级精品在线开放课程《中国古都文化》视频资料的基础上编写的。它有几个明显的特点：第一，内容丰富。本书从古都概要、古都成因、古都变迁、古都考古、主要古都、古都文化景观以及古都文化影响等多个角度，介绍了古都及其丰富的文化内涵，以期读者朋友对我国古都文化有一个较为全面的认知。第二，通俗易懂。由于在视频资料基础上进行编纂，所以，本书大部分内容采用了口语化语言，通俗易懂，便于学习。第三，古今结合。全书结合考古遗址、旅游景点等读者感兴趣的视角介绍古都的前世今生，古今结合、文旅融合，引领读者进行古都文化的穿越之旅，在一定程度上增加了阅读的趣味性。第四，传播文化。本书的主要宗旨还在于把古都作为一个载体，帮助读者从古都的形成、发展与演变过程中认识和了解中国传统文化，增强民族自豪感，增强文化自信。

不过，本书最大的特点还在于编写队伍合理。编纂者都具有博士学位，长期致力于古都历史、文化和考古方面的教学和科研工作。具体分工是：程遂营教授负责编写绪论，第一章，第六章以及第四章第一节、第三节，并负责全书的统编、定稿；刘春迎教授负责编写第三章第五节、第四章第五节；李竞艳博士负责编写第二章以及第四章第二节、第六节；张玲博士负责编写第三章第一、二、三、四、六节，以及第四章第八节；张野博士负责编写第四章第四、十节，以及第五章第一、二、五、六、十节；滕亚秋博士负责编写第四章第七、九节，以及第五章第三、四、七、八、九节。同时，在视频

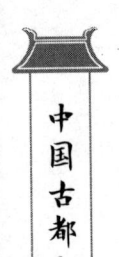

资料整理和草稿编缀过程中,硕士研究生朱文华同学做了大量辛苦工作;后期编辑、校对则仰赖河南大学出版社既专业又细致的工作,在此一并致以衷心感谢!

当然,古都文化是一个很大的课题。在一本小书中根本无法涵盖其丰富的内容,还请读者朋友对书中的不足之处不吝批评指正!

编 者

2020年5月30日